헬로 섹슈얼리티 워크북

한 권으로 끝내는 십 대를 위한 성교육

헬로 섹슈얼리티 워크북

노하연 · 이수지 글 | **손세희** 그림

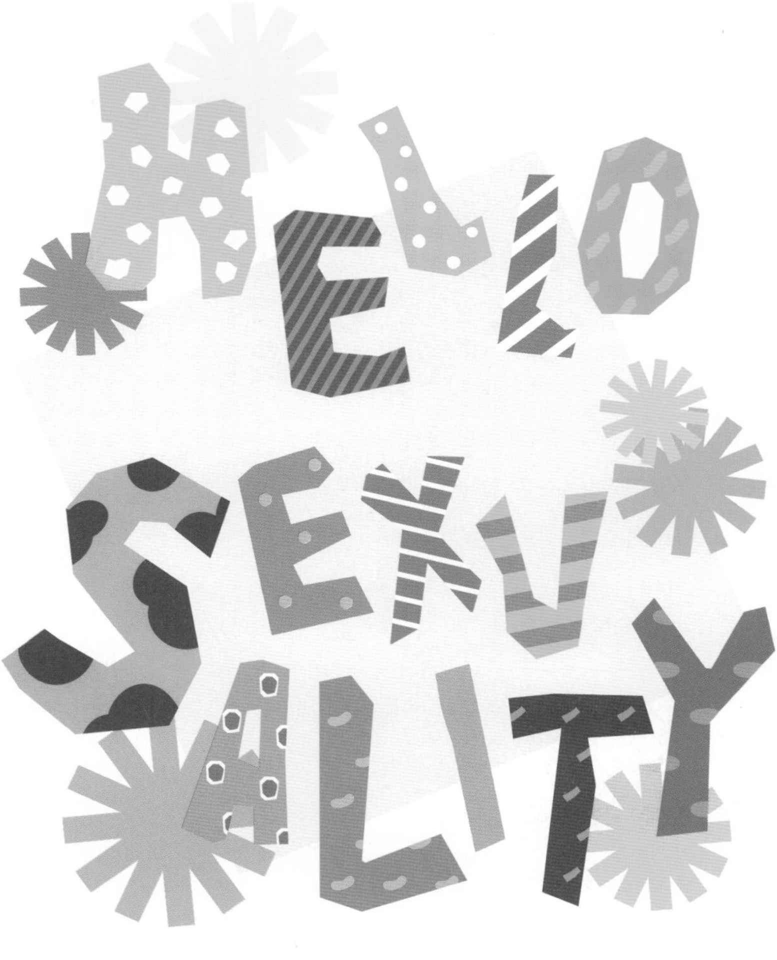

HELLO SEXUALITY

차례

PART 4 성 행동

PART 5 성 건강

PART 6 젠더 기반 폭력

가이드

먼저 **자기 이해**부터 차근히 시작하면 전반적인 섹슈얼리티를 이해할 수 있어요. 나이나 경험에 따라 활용 가능한 파트가 달라져요.

지금 이차 성징을 경험하고 있다면 **자기 이해** 이후에 **사춘기**로 넘어가세요. 몸과 마음의 성장에 필요한 준비물들을 알 수 있을 거예요.

관계는 **자기 이해** 이후에 읽으면 더 좋아요. 타인과의 관계는 나와의 관계에서 시작되기 때문이에요. 자기를 잃지 않으면서 친밀한 관계를 맺어 가는 방법에 대해 알아 갈 수 있어요. 나의 권리와 상대방의 권리를 함께 지킬 수 있는 존중 자세도 배워 봐요.

성 행동은 나이와 상관없이 모두를 위한 내용이에요. 목차를 보고 '나는 자위(혹은 섹스)를 해 본 적이 없으니까 필요 없을 거야.'라고 생각하고 넘길 수도 있어요. 그러나 성 행동은 미리 준비하는 자세가 필요해요. 성 행동을 위한 나만의 가치관을 만드는 시간이라 생각하면 편안할 거예요.

월경과 사정을 경험했다면 **성 건강**을 주의 깊게 보세요. 성기에 문제가 생기거나, 월경이나 사정에 이상 증상이 나타나면 바로 워크북을 펼쳐 보세요. 자주 묻는 질문들을 위주로 구성해서 쉽게 찾아 읽을 수 있을 거예요.

젠더 기반 폭력은 성폭력, 디지털 성폭력, 데이트 폭력에 대해 다루고 있어요. 이러한 폭력은 개인 간의 문제처럼 보이지만, 사실은 사회 구조적인 문제예요. 그래서 사회 구성원인 개인이 폭력을 근절하기 위해 어떤 노력을 할 수 있을지 생각하는 시간이 될 거예요. 나와 내가 사랑하는 사람들을 위해 젠더 기반 폭력에 관심을 갖길 바라요.

도움이 필요하다면 워크북을 활용하거나 성문화연구소 라라에 연락 주세요!

추천사

봄을 생각하는 시기인 사춘기. 누구나 그 시기를 겪고 지나치는 시기지만, 결코 평탄하지 않은 시간들이었을 것이리라. 나 역시 그랬다. 짧고 진하게 지나갈 것이라 믿었던 사춘기는 오히려 어른이 되기 전의 유예 기간으로써 나를 흔들어 댔다. 급변하는 사회 속에서 사춘기는 오히려 20세가 넘고도 지속되었는데, 특히 스마트폰과 영상물의 발달은 이전의 인쇄물의 시대보다도 더 빠르게 우리 삶을 잠식해 갔다. 그 와중에 발생하는 여러 관계와 경계의 문제는 성과 연관된 사회 문제를 증폭시키며 혼란을 가중시켰다.

길을 잃기 쉬운 이 시기의 젊은이들에게 한 줄기 빛처럼 가이드 역할을 해 줄 책을 만났다. 바로 성문화연구소 라라에서 만든 <헬로 섹슈얼리티 워크북>. 성장해 나가면서 만날 수 있는 모든 성 연관 문제와 지식을 짧지만 알차게 담았다. 특히 최근 더욱 사회 문제로 대두되는 디지털 성 문제 및 데이트 폭력까지, 남녀를 구분하지 않은 전방위적 사춘기 가이드북이랄까. 산부인과 의사로서 강조하고 싶었던 우리 생식기를 제대로 마주하는 시간도 포함되어 있다.

우리 인간은 탄생부터 성적인 존재이다. 그런데도 불구하고 우리는 사춘기를 맞는 순간부터 길을 헤매곤 했다. 정작 제일 중요한 나의 몸에 대해서는 무지했고 이를 돌볼 줄도 몰랐다. 비슷한 시기를 겪었던 인생 선배로서, 산부인과 전문의로서, <헬로 섹슈얼리티 워크북>의 등장은 너무도 반가운 소식이다. 흔들리는 청춘들에게 "이제는 헤매지 않아도 괜찮아."라며 이 책을 건네주고 싶다.

정선화, 산부인과 전문의, 두번째봄 산부인과 대표원장

추천사

누구나 알아야 하고 모두가 관심 갖는 성, 하지만 막상 '성교육'은 늘 뒷전이었습니다. 여전히 고루한 정자, 난자 이야기나 하고 있을 거란 편견 아래, 성을 터부시하는 문화 아래 "어련히 다 알게 된다"며 미루고 외면해 왔죠. 그렇게 외면한 사이, 교육이 못다 한 자리를 메우기 위해 청소년들은 미디어와 또래 문화에서 오래 방황해야 했습니다. 그 까닭에 여전히 많은 청소년이 제대로 된 피임법 하나 알지 못하고 우리 사회 왜곡된 성 통념도 계속 명맥을 이어 가고 있습니다.

성교육은 그저 몸 이야기에서 그치지 않습니다. 자신의 몸에서부터, 욕구, 생각을 고민해 보는 자리입니다. 또 다른 몸과 욕구, 생각을 가진 사람과 소통하는 법을 배우는 관계 교육입니다. 나아가 우리 사회에서 서로 다른 성별로 불리며 살아가는 게 어떤 의미인지 살펴보는 시간입니다. 진심만으로, 관심만으로 저절로 알게 되는 것은 없듯, 성도 마찬가지입니다. "나중에 다 알게 된다"는 말로 외면, 회피하지 말고 이제는 제대로 된 이야기가 필요합니다. 아직 여전히 어렵다면 성문화연구소 라라의 책을 슬쩍 건네거나 함께 읽어 보아도 좋습니다. 우리의 편견과 통념을 훌쩍 넘어 성에 대해 바로 알 수 있는 정보로 가득합니다. 말로 꺼내기 까

다롭고 어렵다고 생각했던 주제도 일상 나누듯 편하게 이야기할 수 있도록 문턱을 낮추었습니다.

밝고 다채롭게 꾸며진 이 책이 우리 사회의 성을 환하게 밝히는 빛이 될 수 있었으면 좋겠습니다. 그리고 이 책을 읽는 모든 분들에게 그 빛이 들어 한결 다채롭게 스스로 빛날 수 있길 바랍니다.

이한, 남성과함께하는페미니즘 대표

추천사

셀프 성교육을 위해 몸을 들여다보려고 펼쳤다가 나를 둘러싼 관계와 세상을 발견하고 묵직한 마음으로 덮었다. 나는 생각보다 내 몸과 마음을 잘 몰랐구나. 스스로 토닥토닥해 주고 나를 더욱 사랑하고 싶어진다. 어쩌면 이 책은 사랑을 알려 주는 책이 아닐까? 성교육이란 더이상 '지루한' 혹은 '적나라하고 노골적인' 것이 아니라 나와 타인을 사랑하는 법을 알려 주는 것임을 알려 주는 이 책을 들고 "안녕 나의 섹슈얼리티!"라고 외치고 싶다.

손지은, 초등 교사, 전국교직원노동조합 부위원장

성교육이 세상을 바꾼다!

헬로 섹슈얼리티 워크북은 누구나 쉽게 성교육에 접근할 수 있도록 혼자 할 수 있는 워크북 형태로 구성되어 있어요. 그동안 성교육은 주로 강의를 통해서 진행되어 왔어요. 그러다 보니 지역에 따른 한계가 존재했죠. 성교육의 사각지대를 좁혀 가기 위해 새로운 형태의 성교육을 준비했어요. 여러분의 일상에 작은 도움이 되길 바랍니다.

안녕, 나의 섹슈얼리티! 자신의 성(sexuality)에 대해 충분히 이해하고 있나요? 태어나는 순간부터 모든 사람은 성적 존재라 말하지만, 나의 일상에서 성은 다소 낯선 존재이죠. 워크북을 통해 일상과 성이 얼마나 밀접한 관계를 맺고 있는지 알 수 있을 거예요. 성교육은 자기 이해뿐 아니라 타인과의 관계, 사회를 바라보는 관점을 배워 가는 시간이에요. 워크북을 끝낼 즈음에는 자신의 성적 권리를 주체적으로 누릴 수 있길 응원해요.

노하연

PART

1

자기 이해

마음 알기

성기 알기

몸 이미지

마음 알기

마음을 읽으며 나를 알아 가기

감정, 나와의 소통

나의 감정을 알아차리는 건 나를 이해해 가는 첫 번째 단계예요. 여러분은 오늘 어떤 감정을 느꼈나요? 우리 감정은 이유 없이 나타나지 않아요. 감정을 알아차리는 능력을 갖게 되면 다른 사람과의 관계에서 더 원활하게 소통할 수 있어요!

감정을 관찰하는 건 내 마음속에서 일어나는 느낌과 생각에 주목하는 거예요. 청소년기에는 감정이 발달하면서 여러 느낌을 짧은 시간에 느끼기도 하고, 감정을 알아차릴 수 없어 힘들어하는 경우도 있어요. 이때 감정 관찰과 기록을 통해 자기 감정을 이해하고 정리할 수 있어요!

- 감정이 나타나는 패턴과 추세를 파악할 수 있어요.
- 감정을 일으키는 원인을 찾아내고 개선책을 탐구할 수 있어요.
- 나의 느낌과 생각을 수용하고 존중할 수 있어요.

캘린더 앱을 활용해서
느낌 일기를 적는 것도
좋은 방법이에요!

나만의 감정 사전을 만들어 봐요

어떤 감정이 느껴지나요? 어떻게 표현할 수 있나요? 빈 공간에 표정을 그리고 감정 단어를 적어 보세요.

무덤덤한
즐거운

느낌 일기 쓰기

느낌 일기는 나의 감정을 관찰하면서 패턴이나 특징을 찾는 방법이에요. 오늘 하루에 내가 느꼈던 감정들을 적어 보고, 그중 하나를 선택해 자세히 일기를 써 볼게요! 네 가지 질문에 답하듯이 적어 보세요.

● 오늘 어떤 감정을 느꼈나요?

내가 느끼고 경험한 감정을 자유롭게 적어 보세요. 글로 표현하기 어렵다면 색깔이나 이모티콘으로 표현해도 괜찮아요. 나의 감정을 인지하는 것부터가 첫 시작이에요.

● 그때 내 몸에서 어떤 반응이 나타났나요?

그 감정을 느꼈을 당시 몸에 반응이 있었나요? 사람마다 반응이 다를 수 있어요. 화가 날 때 손이 떨릴 수도 있고, 심장이 빠르게 뛰거나 눈물이 흐를 수도 있어요. 내 몸의 변화를 알아차리면 감정을 예측하기 편리해져요.

● 감정을 해결/표현하기 위해 어떤 행동을 했나요?

우리는 감정을 느끼면 특정 행동을 선택해요. 누군가는 감정을 억누르며 혼자 참기도 하고, "아무것도 아니야." 하며 넘어가기도 하고, 상대방에게 표현하거나 친한 친구에게 말하기도 하지요.

● 비슷한 상황이 오면 어떻게 표현하고 싶나요?

때때로 나의 감정 표현 방식이 마음에 안 들 수 있어요. 나의 감정을 보다 더 건강하게 표현할 수 있는 방법을 고민해 봐요. 감정을 억압하지 않으면서 문제를 해결해 갈 수 있는 방식으로 성장해요!

xxxx . xx . xx .

오늘 어떤 감정을 느꼈나요?

친구랑 오해가 생겨 싸우게 됐다. 싸울 때는 화도 나고 억울하기도 했다.

후회된다.

그때 내 몸에서 어떤 반응이 나타났나요?

손이 떨리고 심장이 빨리 뛰었다. 오해라고 말하고 싶었는데 눈물이 나서 말을

못했다. 말도 더듬었다.

감정을 해결/표현하기 위해 어떤 행동을 했나요?

그 친구한테는 아무 말도 못했고 지금도 어떻게 말해야 할지 모르겠다.

어색해졌다. 다른 친구들이 위로해 줘서 눈물을 멈출 수 있었다. 내가 억울한

부분을 다른 친구들에게 말했다가 더 오해가 생길까 봐 아무 말도 못했다.

비슷한 상황이 오면 어떻게 표현하고 싶나요?

내가 원하는 것: 울지 않고 차분하게 오해를 풀고 싶다. 그런데 나는 당황하면

말을 더듬어서 친구에게 내 마음이 잘 전달될지 걱정된다.

내가 할 수 있는 것: 친구에게 편지를 써서 내 마음을 전하는 게 편할 것 같다.

아직은 대화하기 어색하다.

오늘 어떤 감정을 느꼈나요?

그때 내 몸에서 어떤 반응이 나타났나요?

감정을 해결/표현하기 위해 어떤 행동을 했나요?

비슷한 상황이 오면 어떻게 표현하고 싶나요?

오늘 어떤 감정을 느꼈나요?

그때 내 몸에서 어떤 반응이 나타났나요?

감정을 해결/표현하기 위해 어떤 행동을 했나요?

비슷한 상황이 오면 어떻게 표현하고 싶나요?

성기 알기

정확히 알고 제대로 아껴 주기

많은 사람들이 성기를 '소중한 곳'이라 강조하지만 우리는 이름도, 역할도, 생김새도 배워 본 적이 없어요. 그동안 쉬쉬하며 숨겨 왔던 성기에 대해 솔직하게 알아 가 볼 거예요. 사실 성기는 특별하지도, 엄청나게 소중한 보물도 아니에요. 그저 우리 몸일 뿐이지요!

여러분이 이번 파트를 통해 자신의 성기와 친밀해졌으면 해요. 그저 말로만 소중한 곳 말고, 정말 아껴 줄 수 있는 방법을 알아봅시다.

내 이름을 알고 있나요?

고추, 잠지, 보지, 자지, 심지어는 거기라고 불리는 그곳. 우리는 어렸을 때 신체 명칭을 배웠지요. 이곳만 빼고!

성기 자세히 보기_음경 살펴보기

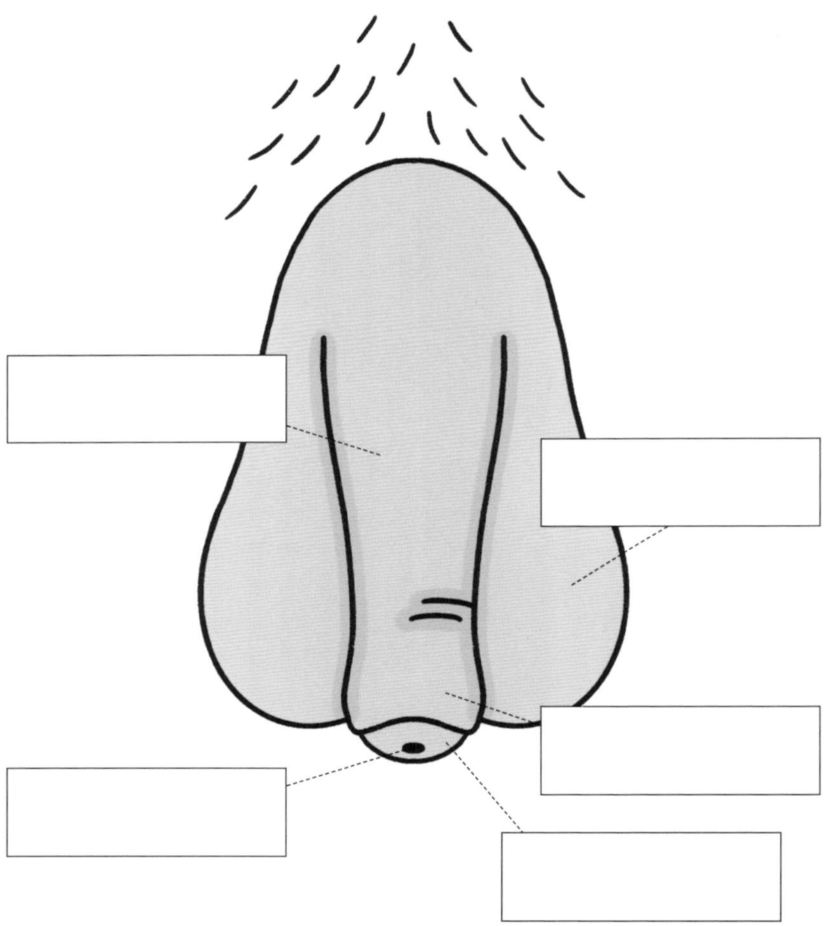

성기 자세히 보기_음순 살펴보기

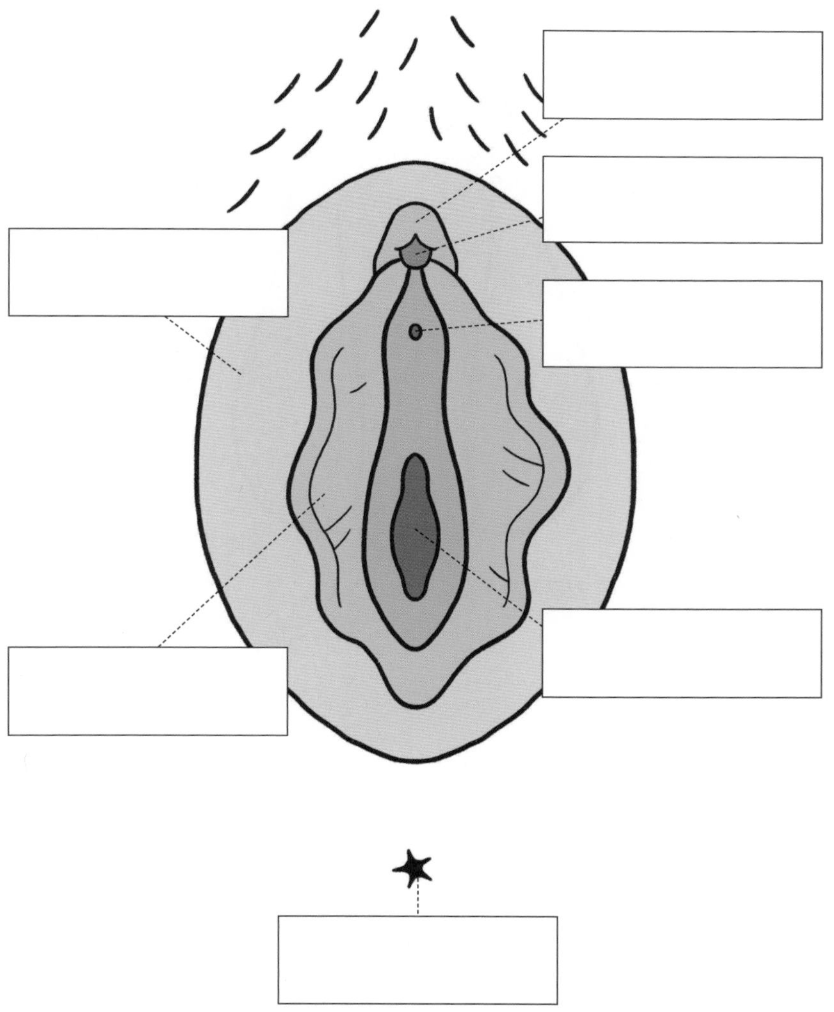

음경의 구조와 기능

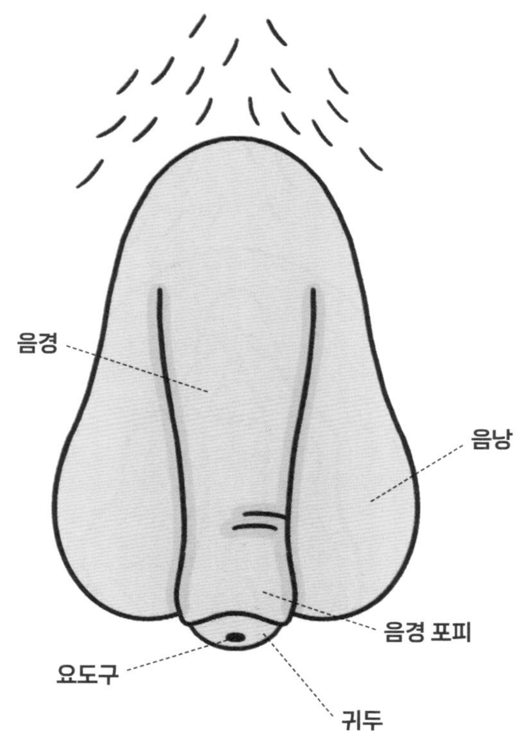

음경	남성 성기 중 앞으로 튀어나온 기다란 곳
음낭	고환을 감싸고 있는 피부 조직, 양쪽의 크기와 높이가 달라요.
귀두	4천 개의 감각 세포가 분포되어 있는 기관
음경 포피	성관계 시 피스톤 운동에 의한 충격을 완화하는 역할을 해요.
요도구	방광으로 이어지는 길, 소변이 나오는 구멍

남성의 내부 성기

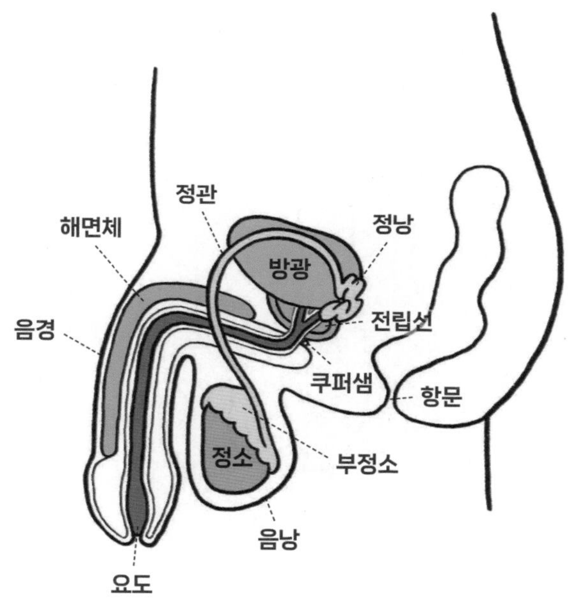

정소	정자를 생성하고 저장하는 기관
부정소	정자를 보관하는 기관
정관	정자와 정액이 이동하는 30cm의 관
정낭	정액으로 만들어지는 액체를 분비하는 기관
전립선	사정 시 처음 분출되는 정액의 일부를 만드는 기관
쿠퍼샘	쿠퍼액을 만드는 기관
요도	방광에 모인 소변과 정액을 배출하는 기관

음순의 구조와 기능

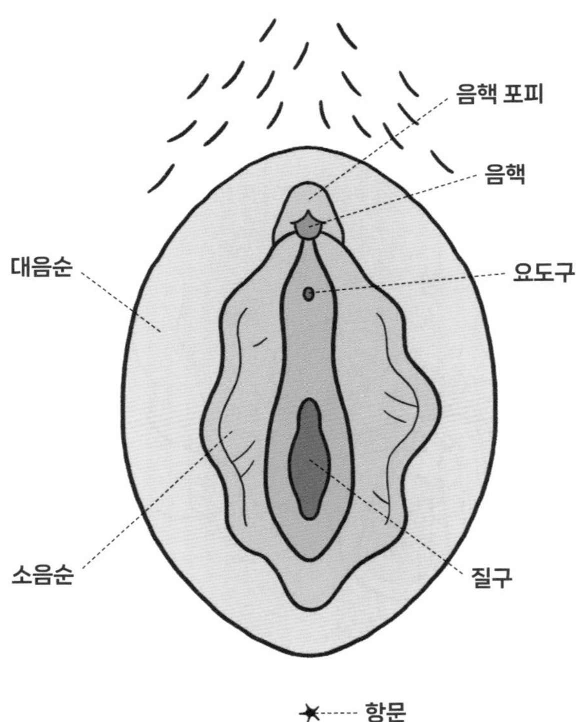

대음순 음순을 덮고 있는 피부 조직, 음모가 나고 땀샘이 있어요.

소음순 요도구와 질구를 보호하고 있는 얇은 피부 조직

음핵 포피 음핵을 외부 자극으로부터 보호하는 피부 조직

음핵 8천 개의 감각 세포가 분포되어 있는 기관, 성감을 느끼기 위해 존재해요.

요도구 방광으로 이어지는 길, 소변이 나오는 구멍

질구 월경혈과 냉이 나오는 길, 사람마다 크기와 모양이 달라요.

여성의 내부 성기

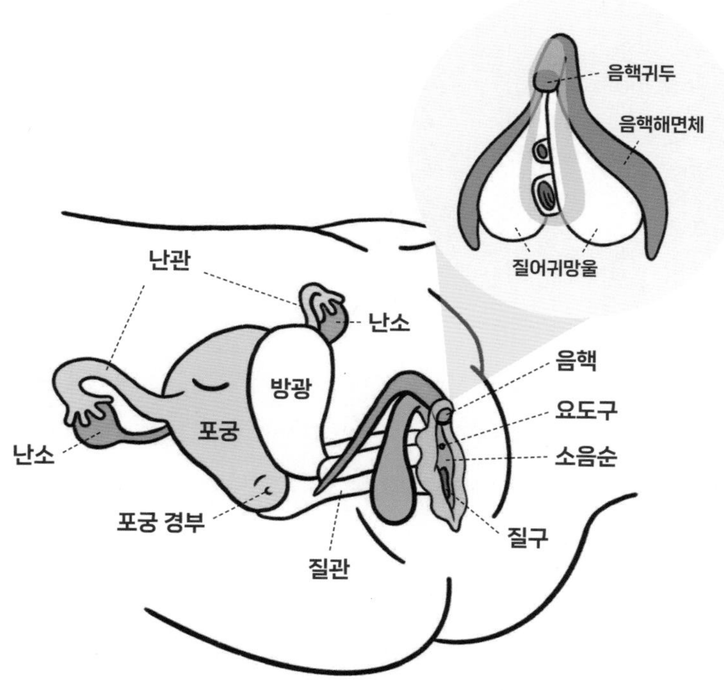

난소	난자를 보관하고 성숙시켜 배출하는 기관
난관	성숙된 난자가 포궁으로 오기까지 거치는 관 (난관=나팔관=자궁관)
질	외부 성기와 내부 성기를 연결시켜 주는 근육 조직
음핵	귀두만 외부에 드러나고 10cm 길이의 몸통이 내부 성기로 존재해요. 음핵 해면체를 가지고 있어 성적 흥분 시 발기돼요.
포궁	평소에는 비어 있고, 수정란과 태아 등이 머물기도 해요.
포궁 경부	포궁 아래쪽의 1/3, 고정되어 있고 움직이지 않아요.

성평등하게 내 몸 보기_왜 포궁이라 부를까?

자궁 [uterus, 子宮]

여성의 생식 기관의 하나로서 태아가 출생할 때까지 자라는 곳. 자궁은 태아가 발생과 성장을 거쳐 출생에 이를 때까지 머무는 장소로써 태아를 보호하고 영양을 공급하는 중요한 기능을 한다.

출처 | 네이버 지식백과

포궁은 세포 포(胞), 집 궁(宮)의 합성어예요. 여성의 성기를 임신과 출산에 국한하여 바라보지 않고 기능에 집중하여 설명한 단어지요. 기존의 자궁(子宮)은 아들/자식 자(子), 집 궁(宮)으로, 아들 혹은 자녀가 사는 집이라는 뜻을 갖고 있어요. 그러나 여성의 일생을 보면, 임신하는 기간은 그렇지 않은 기간에 비해 현저히 짧아요. 포궁은 여성의 성기를 보다 명확하게 설명한 단어라 할 수 있어요.

자궁 외에도 여성의 몸을 임신과 출산으로 설명하는 경우가 더러 있어요. 질을 '정자가 들어가는 길', '아기가 나오는 길'이라고 설명하는 것도 같은 맥락이에요. 질은 냉이나 월경혈을 내보내고 외부 성기와 내부 성기를 연결하는 역할을 하지요. 사람의 몸에는 다양한 기능이 있어요. 여성의 몸을 임신과 출산으로만 설명하는 건 여성에게 '육아', '가사 노동', '돌봄'을 당연하게 만드는 사회 문화와도 연결돼요.

우리 몸을 바라보고 설명할 때 성별 고정 관념이나 성차별 인식이 들어있지는 않은지 고민해 봐야 해요. 그뿐만 아니라 일상에서 성별 고정 관념을 강화시키는 성차별 단어에는 또 무엇이 있을지 찾아보면 더 재밌을 거예요. 최근 전 세계적으로 성차별 단어를 성중립 단어로 바꾸는 추세에 있어요!

지금까지 잘못 알려진 이야기

처녀막이라는 말을 들어 본 적 있나요? '첫 성관계를 할 때 처녀막이 찢어진다'는 속설도 있지요. 그러나 처녀막은 실제로 존재하지 않아요. 처녀막이란 여성의 성을 억압하고 순결을 강조하던 사회 문화가 만든 거짓이에요. 이런 것을 바로 '처녀막 신화'라고 하지요.

처녀막의 정확한 명칭은 '질 주름/근육'이에요. 다른 곳에 비해 조금 두꺼운 조직을 갖고 있다고 생각하면 이해하기 쉬워요. 사람마다 질 주름의 모습도 다르다는 사실!

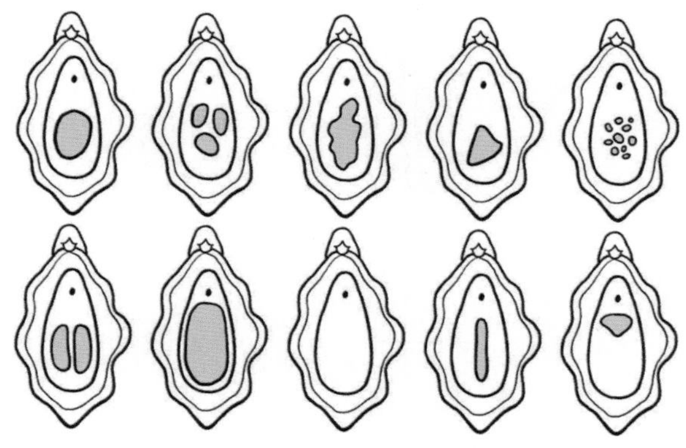

질 주름도 찢어지나요?

질 주름이 다치는 경우가 있어요. 질 주름은 근육으로 이루어졌기 때문에 긴장을 하면 근육이 수축돼요. 그래서 첫 성관계 때 출혈이 생기기도 하지요. 충분한 마음의 안정과 근육 이완이 필요해요. 성관계가 아니더라도 질에 자극이 주어졌을 때 근육이 손상되기도 해요. 너무 걱정할 필요는 없어요. 대부분은 스스로 치유되거든요.

다르지만 같은 우리

여성과 남성의 성기는 본래 같은 모양이었어요. 그중에서도 여성의 음핵과 남성의 음경은 동일한 기관이 다른 모양으로 발달한 상동 기관이지요.

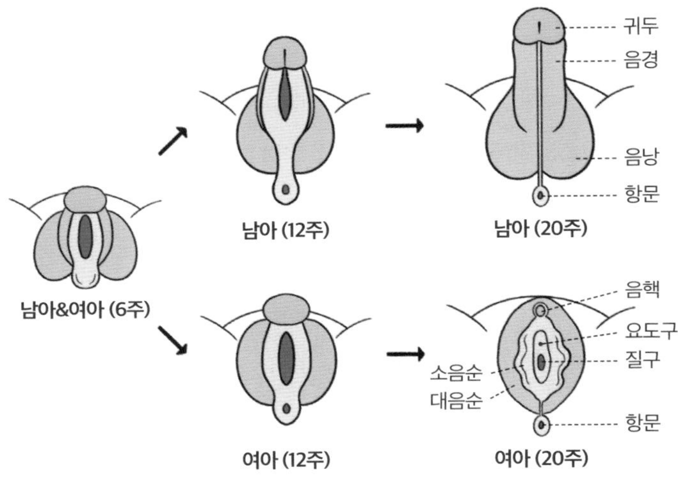

음경에 대해서는 대부분 알고 있지만 음핵은 최근에서야 알려지기 시작했어요. 서로 같으면서 다른 두 성기에 대해 알아볼까요?

오른쪽 그림에서 빨간색을 찾아보세요. 그곳은 우리 몸에서 성적으로 가장 민감한 곳이에요! 음핵 귀두에는 8천 개의 감각 세포가, 음경 귀두에는 4천 개의 감각 세포가 있어요. 음핵은 겉으로 보기에는 귀두만 보여서 완두콩만한 크기로 보이지만, 사실 몸 안쪽에 10센티 정도의 큰 몸통을 가지고 있어요. 음경의 평균 길이와 유사해요.

음핵과 음경에는 스펀지 같은 해면체 조직이 있어요. 때때로 해면체에 혈액이 몰리면 단단하게 부풀어 오르면서 발기를 하지요. 음핵 해면체는 두 개의 다리처럼 뻗어 있어서 음순 전체가 부풀어 올라요. 음경 해면체는 배꼽에서 음경을 바라봤을 때 좌, 우, 아래에 있어요. 그래서 발기를 할 때 음경이 위를 향하게 되지요.

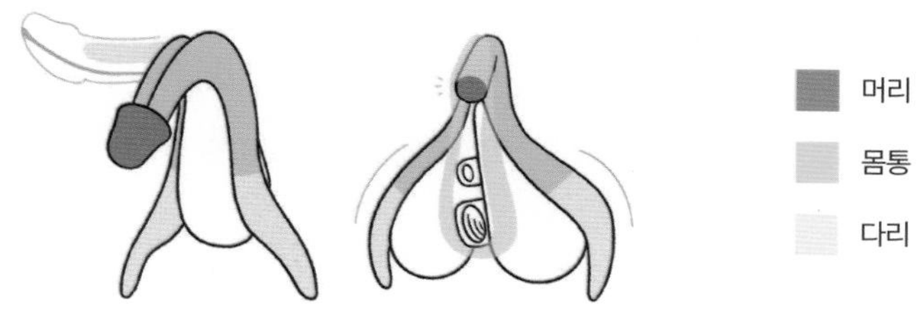

간성

우리는 태어나는 순간부터 여자 혹은 남자로 성별을 지정받아요. 사람은 완벽히 딱 두 분류로 구분될까요? 그렇지 않아요. 성별은 사회가 만든 임의적인 구분 방법에 불과해요. 이분법적인 구분은 다양성을 지우기 쉬워요.

전 세계적으로 매년 100명 중 1명이 간성으로 태어나요. 간성(inter sex)은 내부 성기나 외부 성기, 성염색체, 유전자, 성호르몬이 다양한 조합으로 이루어진 사람이에요. 여성과 남성의 외부 성기가 함께 있는 경우, 몸 안에 정소와 난소가 같이 있는 경우, 염색체는 XX(여성)이지만 음경과 음낭을 가진 경우, 그 반대의 경우 등 다양해요. 태어났을 때 성기 모양을 보고 간성인 걸 알 수도 있지만, 이차 성징이 일어난 뒤에 발견되거나 성인이 되어서 알게 되는 경우도 있어요. 물론 평생 모르고 살아가는 일도 있지요.

해외에서는 출생증명서나 여권같이 성별을 표기해야 하는 서류에 여성/남성이 아닌 다른 칸이 있어요. 대표적으로 독일에서는 2019년부터 시행하여 다양성을 포괄하는 사회 시스템을 구축했어요. 이러한 제도의 변화는 배제와 차별을 없애는 방법 중 하나예요.

정답은 없어!

성기의 모습에는 정답이 없어요. 대음순보다 소음순이 큰 사람도 있고, 음낭의 주름이 다른 사람보다 많은 사람도 있어요. 성기 모양은 사람마다 다르고, 불편함이 없다면 특별히 시술이나 수술을 받을 필요가 없어요. 마음에 드는 모양들을 다양한 색으로 꾸며 보세요. 직접 그림을 그려 봐도 좋아요.

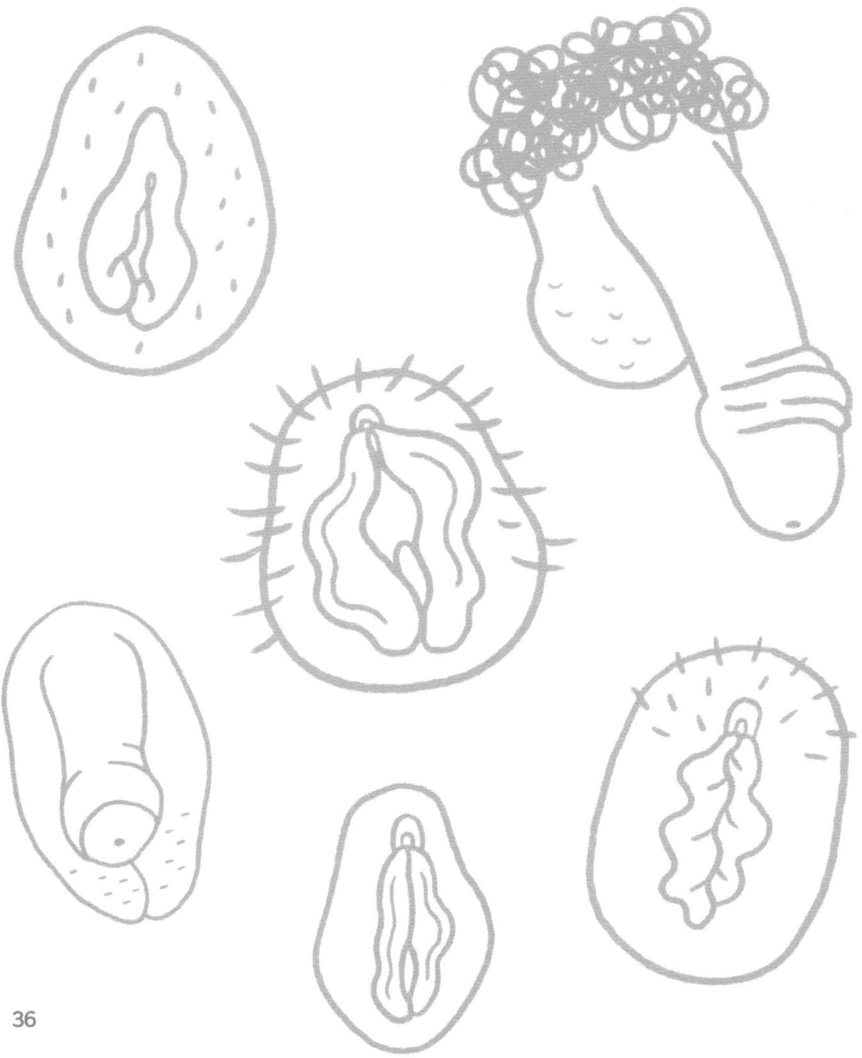

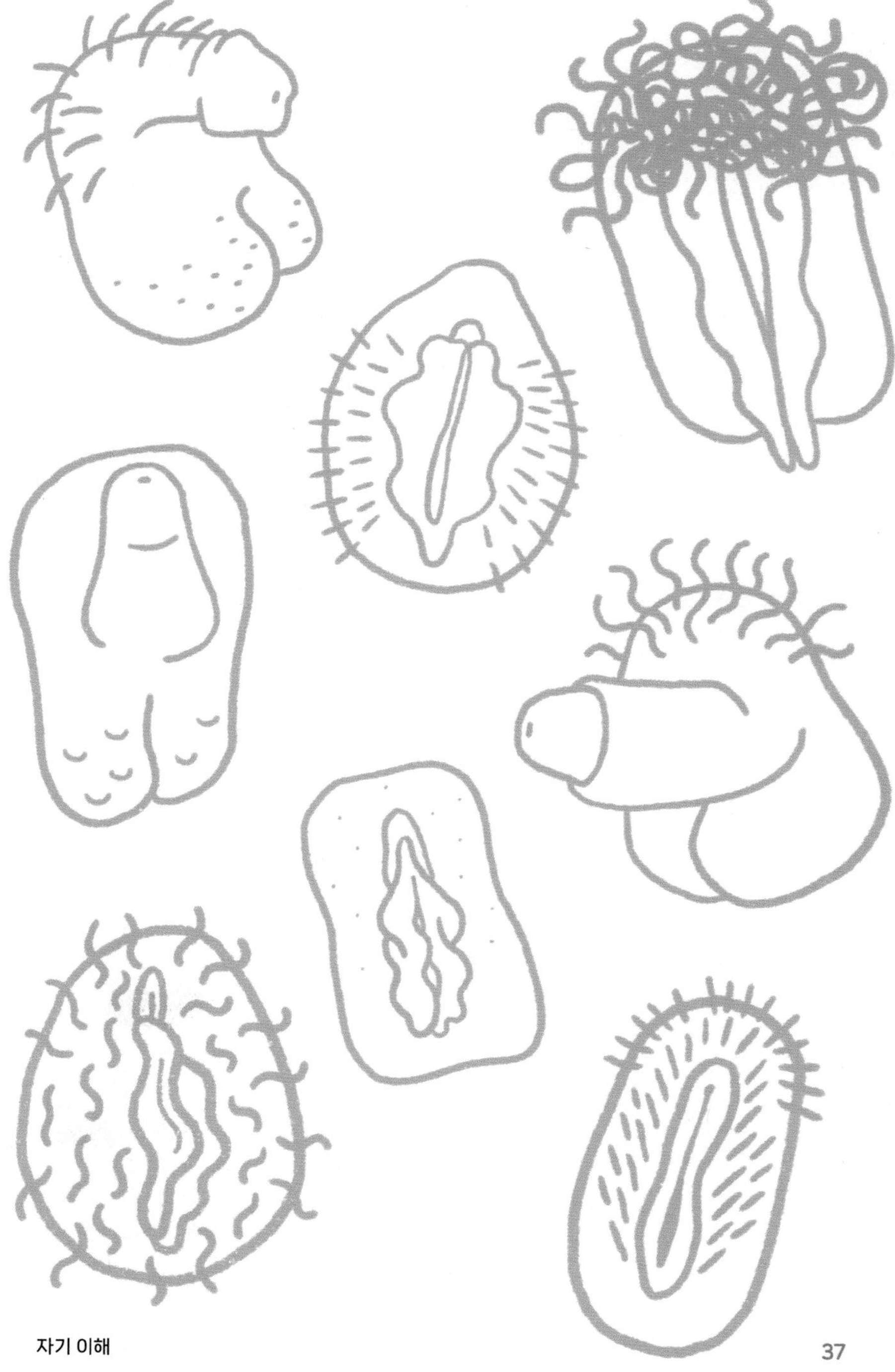

성기 청결법

성기를 청결하게 유지하는 것도 내 몸을 소중히 여기는 방법 중 하나예요. 어떻게 씻어야 성기를 건강하게 할 수 있을까요?

- 성별에 상관없이 성기는 흐르는 물로만 씻어 주세요!
- 여성 청결제, 외음부 세정제는 질염이 있을 때 주 1~2회 정도만 사용해요.
- 포경 수술을 안 했다면 포피를 뒤로 젖혀서 귀두 안쪽까지 닦아야 해요.
- 성기는 아침, 저녁 한 번씩 닦아 주면 제일 좋습니다!

성기 건강 자가 확인

건강한 성기의 모습을 알고 있어야 몸이 아플 때 보내는 적신호를 알아차릴 수 있어요. 평소 건강한 나의 성기를 거울에 비추어 보고 손으로 직접 만져 보세요.

- 음순은 다리 사이에 있어서 잘 안 보여요. 거울을 이용해서 보세요.
- 음순과 음경 주변을 살펴보고 만져 보세요. 살짝 살을 당겨도 보세요.
- 분비물의 색은 불투명하거나 약간 흰색이에요. (다른 색일 경우 병원에 가야 해요.)
- 음순과 음경 주변에 혹이나 반점이 생기지 않았는지 살펴봐 주세요.

몸 이미지

오롯이 나를 위한 선택

몸 이미지는 내 몸에 대한 나의 생각이자 자신과 관계를 맺어 가는 방식이라 할 수 있어요. 때로는 나와의 관계에 끼어드는 불청객들이 있지요. TV, 잡지, 영화, 광고, 소셜 미디어에서는 특정한 몸 이미지를 반복하며 강조해요. 그들은 마치 이상적인 몸이 있는 것처럼 말해요. 그러나 우리는 성별, 성 정체성, 인종, 장애, 피부, 스타일, 몸무게 등 각기 다른 다양성을 가졌어요. 미디어가 보여 주는 이상적인 몸은 일부에 불과해요. 나와의 관계에 끼어든 불청객들은 내보내고, 있는 그대로의 내 모습을 발견해 보세요. 여러분을 이루고 있는 다양성이 빛나 보일 거예요.

내 몸 이야기

자신의 몸에서 어디가 마음에 안 드나요? 불만족스러운 신체 부위를 표시하고 그 이유를 함께 적어 주세요.

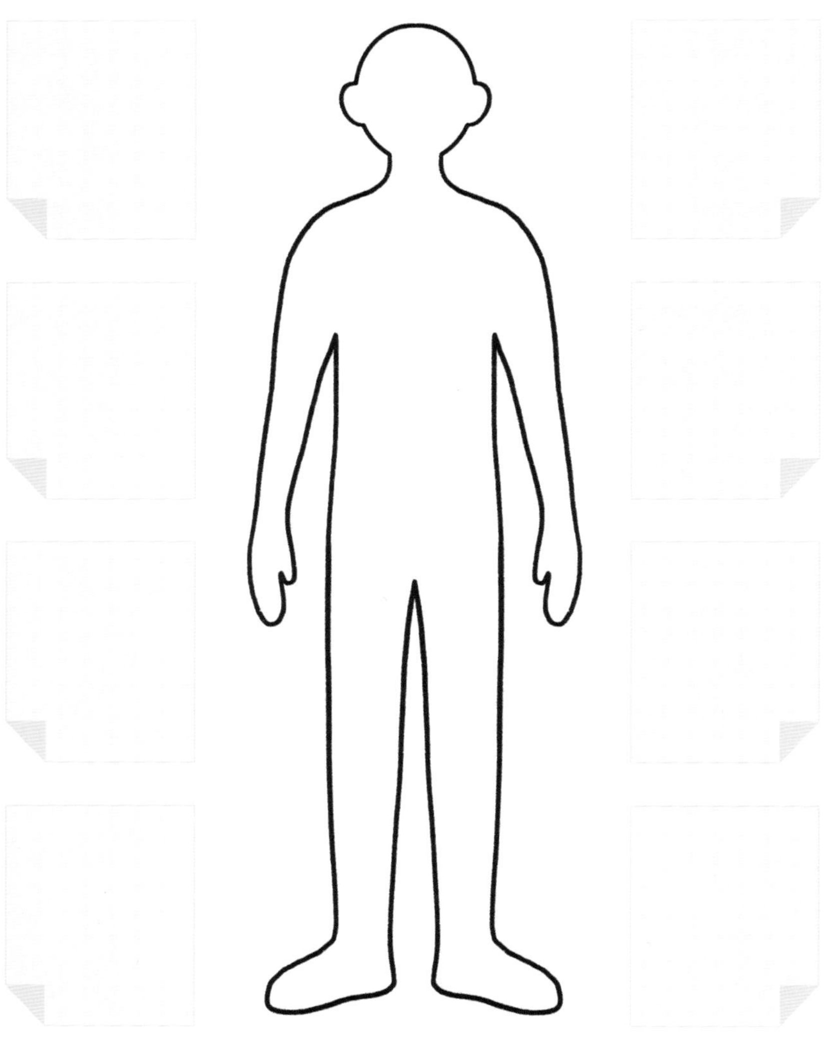

이번에는 반대로 내 몸에서 만족스러운 부분을 표시해 볼까요? 최소 3개 이상 선택해 주세요. 만약 작성하기 어렵다면 가까운 사람들에게 물어보세요.

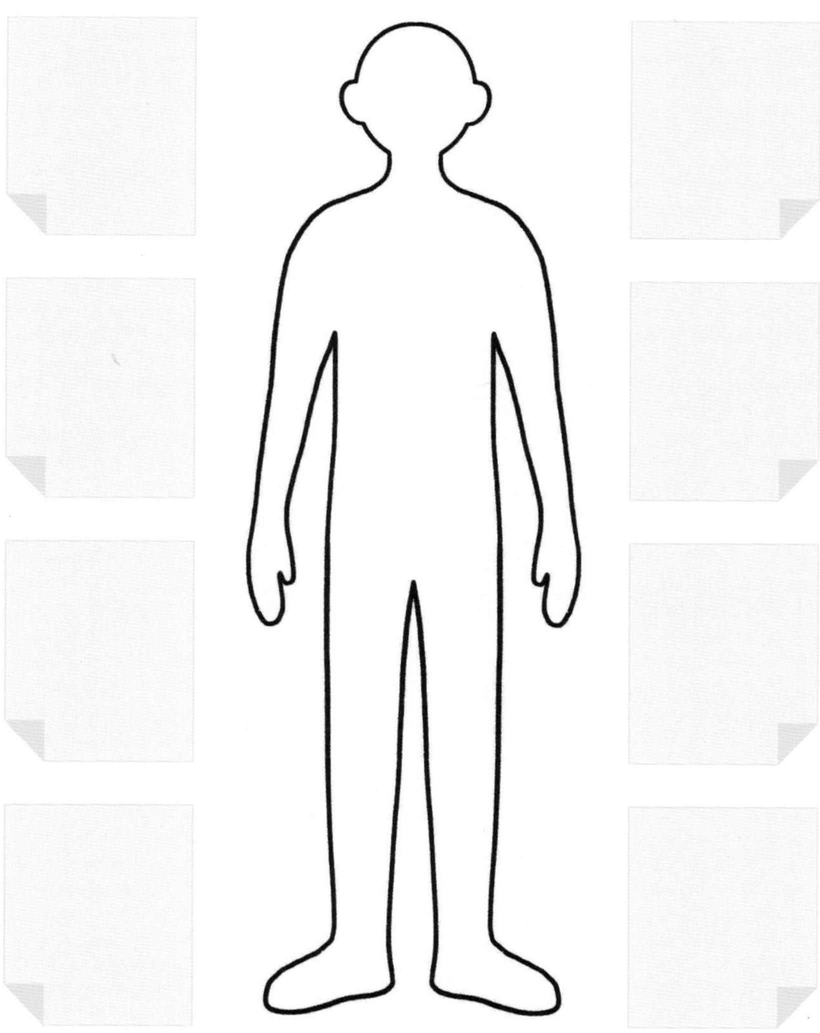

우리는 일상에서 외모에 대한 이야기를 많이 해요. 오랜만에 만난 친구에게 "예뻐졌네!", "살 빠졌네!"와 같은 말을 쉽게 하지요. 칭찬의 의미로, 상대방과 친해지기 위해, 어색한 분위기를 풀려고 외모에 대한 말을 하기도 해요. 「거울 앞에서 너무 많은 시간을 보냈다」의 저자 러네이 엥겔른 교수의 연구에 따르면 외모에 대한 언급만으로도 개인은 부정적 영향을 받을 수 있다고 해요. 외모에 대한 언급은 타인이 내 몸을 바라본다고 느끼게 만들어서 타인에게 어떻게 보이는지 더 신경 쓰게 만들지요. 결국 스스로 평가하고, 자신의 외모 관찰자/감시자가 되는 거예요.

오늘도 거울을 봤나요? 거울 앞에 선 나를 보면 한숨이 나오기도 해요. 때로는 셀카를 찍고 보정을 해도 마음에 들지 않기도 해요. 외모 지상주의와 성차별이 만연한 사회에서 우리의 몸은 하나의 상품이 되었어요. 마치 운동이나 돈을 들여 노력하면 몸을 바꿀 수 있다는 착각을 만들어 내지요. 그리고 그것을 자신감인 것처럼 말해요. 그러나 누구도 몸을 완벽하게 통제할 수 없어요. 몸을 외적으로 판단하는 사회에서는 끝없이 자신에게 실망할 수밖에 없지요.

나를 있는 그대로 받아들이는 건 쉬운 일이 아니지만, 감시자로 채찍질하는 대신 부족한 내 모습도 사랑할 수 있길 바라요.

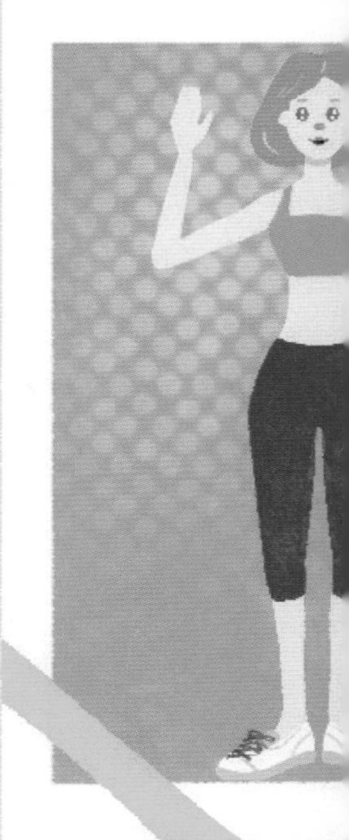

몸 긍정주의 (BODY POSITIVE)

자기 몸 긍정주의란 몸무게, 체형, 외형에 관계없이 있는 그대로 자신의 몸을 사랑한다는 의미예요. 내 몸을 다른 사람의 시선으로 평가하지 않는 건 쉬운 일이 아니에요. 여전히 TV, 유튜브, 소셜 미디어에 보이는 몸은 이상적인 여성과 남성의 몸이 있다는 착각을 불러일으켜요. 그러다 보니 내 몸을 바라보는 시선에 사회의 편견이 포함되기도 하지요. 혹독한 자기 평가에서 벗어나 내 몸 긍정을 해 볼 수 있는 방법을 소개할게요.

앞서 우리는 자신의 몸에서 만족스러운 부분과 불만족스러운 부분을 적어 봤어요. 많은 사람들이 자신의 몸을 볼 때 외모에 집중해요. 내가 좋아하는 신체 부위와 콤플렉스로 여기는 부위 모두 각자의 역할과 기능이 있어요. 이번에는 외모가 아닌 몸의 '기능'에 집중해 봐요.

기능에 초점 맞추기

● **마음에 드는 신체 부위의 이유를 살펴보고 '기능'으로 바꾸어 적어 보세요.**

예) 하얗고 긴 손가락이 예쁘다. → 손가락이 길어서 피아노를 칠 때 편리하다.

● **마음에 들지 않는 신체 부위는 어떤 기능을 하고 있는지 생각해 보고 칭찬하는 말을 적어 주세요.**

예) 허벅지가 두껍다. → 허벅지 근육이 많아 수영할 때 속도가 빠르다.

오롯이 나를 위한 선택

사회에서 만들어 놓은 틀에 내 몸을 끼워 맞추다 보니 어느새 불편함이 익숙해지기도 해요. 오롯이 나를 위한 선택을 해 보는 건 어떨까요?

- ◯ 남의 시선보다 내 몸에 편한 것을 우선으로 생각하고 결정하기
- ◯ 몸과 생김새에 정답이란 없다는 걸 기억하기
- ◯ 나를 비난하기보다 있는 그대로 사랑하는 방법 찾아보기

오롯이 나를 위해 실천하기

예) 아름다운 가슴이라는 모양에서 벗어나기, 탈브라 실천,
칭찬을 포함한 외모 평가하지 않기

상황과 용도에 따라 속옷 고르기

보편적으로 삼각형 하의 속옷은 여성용이고, 사각형 하의 속옷은 남성용이라 생각해요. 그러나 모양과 상관없이 자신에게 편한 속옷을 선택하면 돼요.

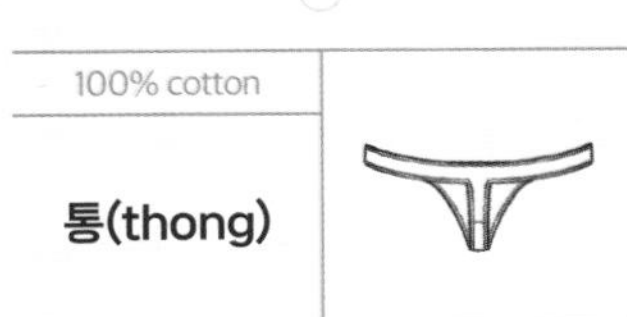

엉덩이 라인을 모두 드러내는 삼각팬티. 몸에 딱 붙는 옷을 입었을 때 속옷 라인이 보이지 않아요.

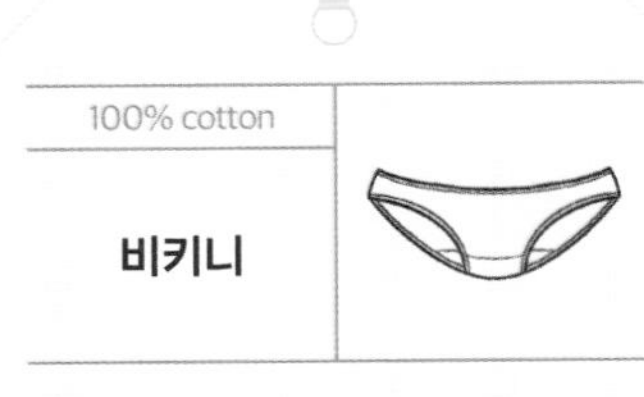

골반을 감싸고 허벅지 부분이 높게 파인 삼각팬티. 통과 브리프의 중간으로 가장 기본적인 삼각팬티예요.

비키니 라인보다 허벅지 부분이 덜 깊게 파인 삼각팬티. 골반보다 위쪽부터 감싸 줘서 착용감이 안정적이에요. 허벅지까지 내려오지 않아서 말림 현상이 없어요.

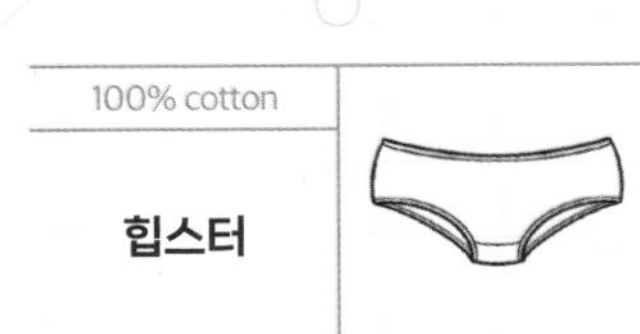

밑위가 짧고 허벅지 부분이 넓게 파인 삼각팬티. 허리가 보이는 옷을 입었을 때 속옷이 안 보여요.

아래 하의 속옷 이미지는 성별에 상관없이 입을 수 있는 속옷이에요!

하이웨스트 (맥시)

밑위가 길어 배꼽 아래까지 감싸는 삼각/사각팬티. 배를 잡아 줘서 안정적이고 편안해요. 주로 여성형 속옷에 사용되는 디자인이에요.

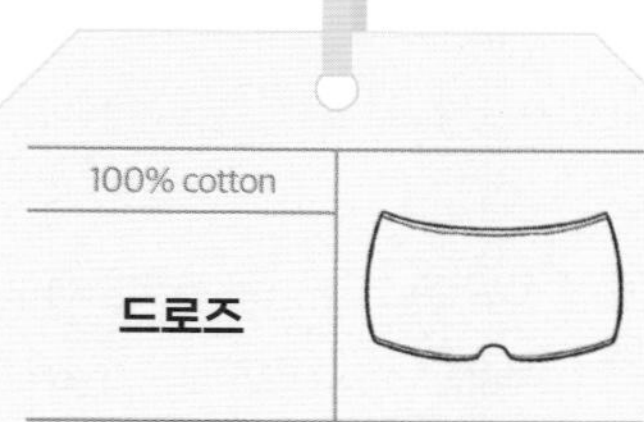

드로즈

몸에 딱 붙는 형태의 사각팬티. 골반부터 허벅지 일부까지 감싸 줘서 착용감이 안정적이에요. 활동이 많은 날 추천해요. 단, 체형에 따라 말려 올라갈 수 있어요.

보이숏

드로즈보다 다리 부분이 짧은 사각팬티. 몸에 딱 붙는 옷을 입었을 때 속옷 라인이 보이지 않아요. 단, 체형에 따라 Y존이 압박될 수 있어요.

트렁크

몸에 붙지 않는 헐렁한 사각팬티. 몸에 밀착되지 않아 통풍이 잘돼요. 남녀 모두 성기 건강에는 트렁크가 최고예요!

Q&A

Q. 남자에게는 삼각팬티보다 사각팬티가 정력에 좋은가요?

A. 하버드 대학에서 속옷이 정자 건강에 어떤 영향을 주는지 연구한 적이 있었어요. 연구 결과 12개월 동안 트렁크를 입은 남성 집단은 정자의 개수가 25% 증가했고, 정자의 운동성은 33% 더 향상되었어요. 놀라운 결과지요? 드로즈나 삼각팬티는 음낭을 몸에 밀착되게 만들어서 음낭 속 고환의 온도를 높여요. 성기 건강을 생각한다면 헐렁한 트렁크를 추천해요.

Q. 면 속옷은 촌스러워요. 꼭 면이어야 하나요?

A. 어릴 때 입던 면 속옷이 창피한가요? 라라도 그랬답니다. 그런데 성별에 상관없이 속옷의 재질은 면이 가장 좋아요. 폴리에스테르와 같은 소재는 감촉이 좋지만 통풍이 안돼서 곰팡이균이 쉽게 생길 수 있는 환경을 만들어요. 여성의 경우 질염이 발생할 수 있고, 남성의 경우 성기 건강에 문제가 생길 수 있어요. 카이로 대학에서는 수컷 생쥐를 통해 속옷의 재질이 성기능에 미치는 영향을 연구했어요. 놀랍게도 폴리에스테르로 된 속옷을 입은 생쥐의 성교 성공률이 87%나 낮아졌답니다. 겉감은 폴리에스테르나 다른 합성 섬유도 괜찮지만, 안감은 면으로 된 제품을 입는 걸 추천해요.

Q. 여성용 사각팬티는 어떤 점이 좋은가요?

A. 삼각팬티와 사각팬티의 가장 큰 차이는 Y존(외성기와 다리가 만나는 서혜부, 사타구니까지 이어지는 Y모양의 신체 부위를 일컫는 용어) 압박 정도예요. 삼각팬티는 성기에 딱 붙게 제작되었고, 사타구니를 압박하기 때문에 통풍이 안되고 혈액 순환 문제가 생기기도 해요. 사각팬티는 통풍이 잘되고 걸을 때 허벅지가 쓸리지 않게 도와줘요. 질염에 자주 걸린다면 널널한 트렁크를 추천해요.

Q. 노팬티가 성기 건강에 정말 도움이 되나요?

A. 맞아요. 속옷을 입지 않고 잠을 자면 성기가 건조되어서 세균 번식도 줄고, 혈액 순환에도 도움이 돼요. 다른 가족 구성원과 함께 생활한다면 올 누드는 추천하지 않아요. 대신 속옷과 잠옷이 합쳐진 긴 트렁크(바지형 트렁크)를 입어 보세요. 생각보다 편안하답니다.

Q. 여성용 드로즈 고르는 팁이 있나요?

A. ① Y존에 봉제선이 있는 제품은 비추천해요. 봉제선이 허벅지와 사타구니에 불편감을 줄 수 있어요. 특히 허벅지에 살집이 있는 편이라면 더 예민하게 느껴질 수 있어요. ② 치마나 스타킹, 레깅스, 몸에 꼭 끼는 바지를 입을 때는 트렁크보다 드로즈를 추천해요. 통이 넓은 치마를 입는다면 트렁크도 좋은 선택이에요. ③ 드로즈가 말려 올라가서 불편하다면 드로즈보다 기장이 짧은 보이숏이 편할 수 있어요. ④ 주로 일회용 월경대를 사용한다면 사각팬티를 구입할 때 월경대 부착이 가능한 제품인지 확인하세요. 팬티 중에 일회용 월경대를 부착할 수 없는 경우가 있어요. 월경 전과 월경 중일 때 속옷을 구분해서 입어야 하기 때문에 불편할 수 있어요. ⑤ 재질은 면이 제일 좋아요. 실크나 레이온 소재는 땀 흡수가 안돼서 피부에 자극이 심한 편이에요. 또 스타킹이나 레깅스를 입었을 때 같이 흘러내려 오기도 해요.

Q. 마지막으로, 하의 속옷 팁 알려 주세요!

A. ① 성기에 딱 붙는 속옷은 NO! 통풍이 안되면 곰팡이균이나 박테리아가 쉽게 생길 수 있어요. ② 안감 재질은 무조건 면, 순면인 속옷을 입어요. ③ 땀이나 냉의 양이 많다면 하루 1회 이상 속옷을 갈아입어요. (운동, 활동, 샤워 후) ④ 속옷 빨래에 섬유 유연제는 NO! 가려움을 유발할 수 있어요.

나에게 맞는 브래지어 고르기

와이어 브래지어
와이어가 가슴 아래를 받쳐 줘서 어깨 부담이 덜해요.
노와이어 브래지어
와이어가 없어서 편하게 착용할 수 있어요.
소프트 스포츠브라
가벼운 운동을 할 때 착용하면 가슴이 편안해요.
하드 스포츠브라
움직임이 격한 운동을 할 때 가슴을 압박해 흔들림이 없게 도와줘요.
브라렛
와이어가 없고, 얇은 재질로 되어 있어서 가볍게 착용할 수 있어요.
패드 내장형 나시
압박감 없이 유두를 보호해 줘요.
브라탑
어깨가 보이는 옷을 입을 때 착용하면 좋아요.

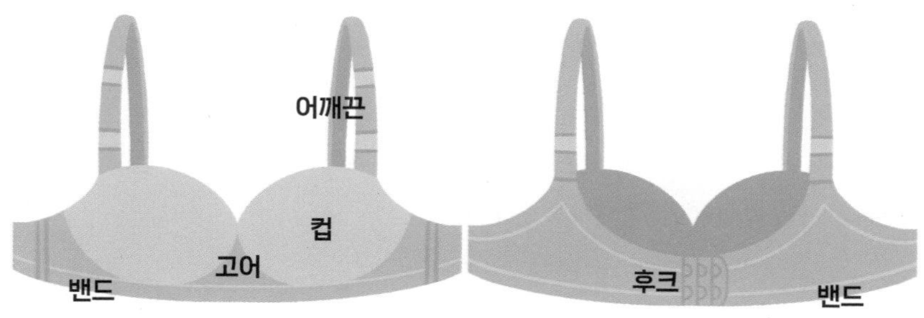

컵	브래지어 착용 시 컵 위나 옆으로 가슴이 튀어나온다면 사이즈가 작다는 거예요. 반대로 컵이 고정되지 않고 움직인다면 컵 사이즈를 줄여야 해요.
고어	양쪽 컵을 연결해 주는 고어가 평평하지 않다면 사이즈가 안 맞는 거예요.
밴드	컵보다 밴드가 가슴을 지탱해 주는 역할을 해요. 밴드 사이로 손가락 한두 개가 들어가야 해요.
어깨끈	손가락 두 개가 들어가는 정도가 적당해요. 흘러내리거나 어깨에 자국이 날 정도라면 사이즈를 바꿔야 해요.

브래지어를 착용하고 손을 올려 보세요.
손을 올리거나 내릴 때 브래지어가 움직이지 않아야 해요.

브래지어도 나의 선택

브래지어를 매일 입고 있나요? 많은 사람들이 브래지어를 안 하면 가슴이 처질 거라 생각하지만 실제로는 그렇지 않아요. 오히려 브래지어를 오랜 시간 착용하는 것이 청소년기 가슴 발달을 저해하거나 소화 장애나 호흡 곤란 문제를 일으키기도 해요. 여러분의 필요에 따라 브래지어를 입을지 말지 선택할 수 있어요.

Q&A

Q. 답답한 건 싫지만 유두가 보여서 고민이에요.

A. 니플 패치를 사용해 보세요. 유두 주변에 부착하면 유두가 두드러지지 않게 할 수 있어요. 피부가 예민한 편이라면 캡 나시를 추천해요.

Q. 니플 패치를 붙이니까 유두가 아파요.

A. 니플 패치도 종류가 많아요. 반창고처럼 생긴 니플 밴드는 유륜 부위를 제외하고 바깥에 접착제가 있어서 고정력이 강해요. 그러다 보니 패치를 제거할 때 자극이 강하기도 해요. 피부가 예민하다면 부드러운 실리콘 패치를 사용해 보세요. 단, 실리콘 패치는 땀이 많이 날 때 떨어질 수도 있어요.

Q. 운동할 때 스포츠 브래지어를 꼭 해야 하나요?

A. 요가나 수영 같은 스포츠는 브래지어를 할 필요가 없어요. 그러나 움직임이 격렬하거나 근육을 많이 사용하는 운동을 한다면 스포츠 브래지어를 착용하길 추천해요.

Q. 브래지어가 나한테 맞는지 모르겠어요.

A. 아래 내용에 하나라도 해당된다면 브래지어 사이즈가 안 맞는 거예요!

- ☐ 어깨끈이 자꾸 흘러내리거나 너무 딱 맞아서 어깨에 자국이 생기나요?
- ☐ 등을 보았을 때 후크 부분이 위로 올라가 있나요?
- ☐ 손을 올리거나 움직였을 때 브래지어가 움직이나요?
- ☐ 옆모습을 보았을 때 살이 빠져나왔나요?

사이즈 측정 방법

- **윗가슴 둘레:** 가슴에서 가장 많이 나온 부분의 둘레를 수평으로 측정하세요.
- **밑가슴 둘레:** 가슴 아랫부분의 둘레를 수평으로 측정하세요.

컵 사이즈 측정 방법은 윗가슴 둘레에서 밑가슴 둘레를 빼는 거예요. 브랜드마다 컵이 다르기 때문에 매장에 가서 직접 추천받는 게 좋아요. 혹은 컵 사이즈를 측정한 뒤 사이트에서 확인하세요.

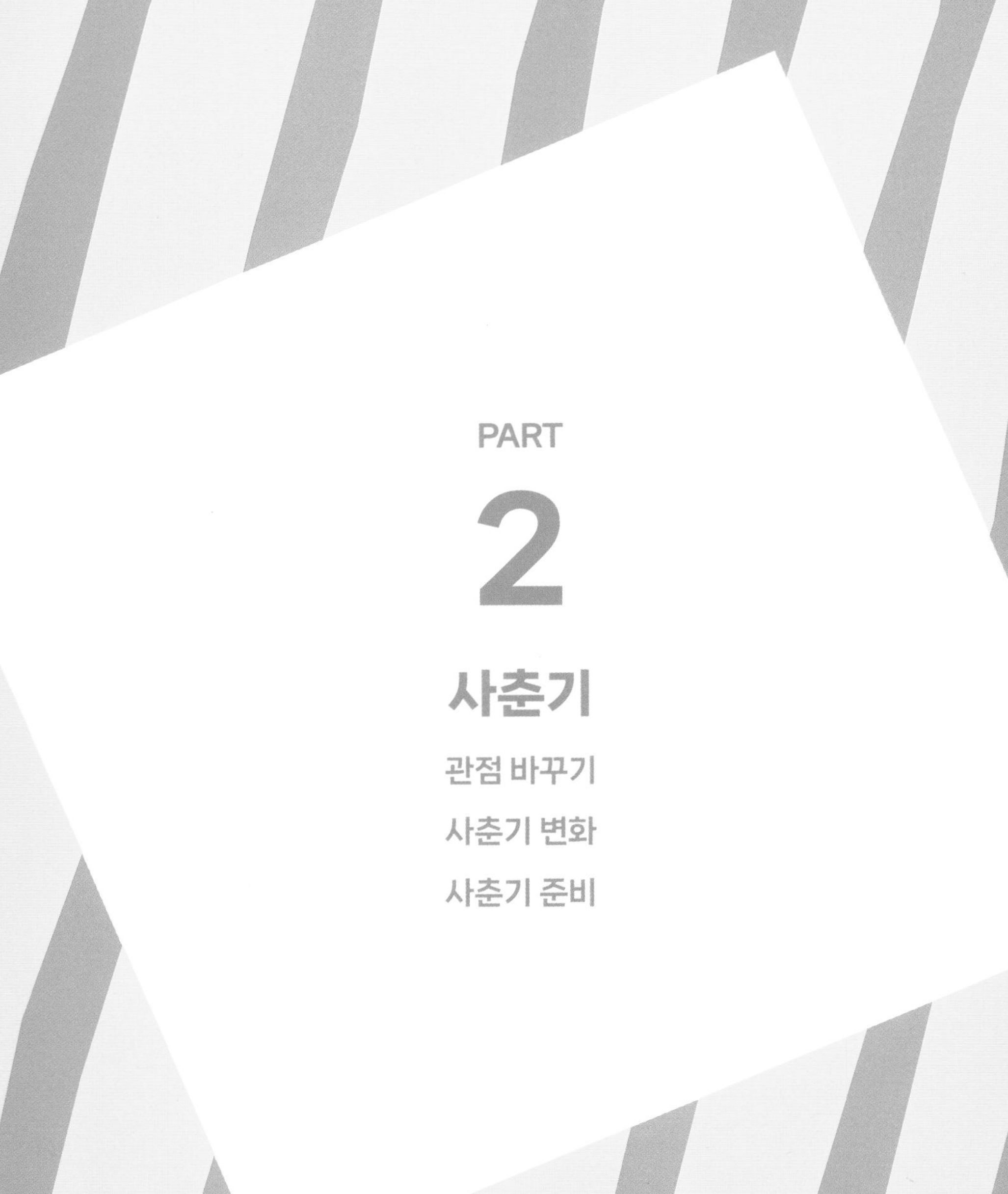

PART 2

사춘기

관점 바꾸기

사춘기 변화

사춘기 준비

관점 바꾸기

진정한 사춘기 주체를 찾는 시간

여러분의 사춘기는 안녕한가요?

이번 장에서는 사춘기를 맞이한 우리의 이야기를 해 볼 거예요. 단순히 몸의 변화만이 아니라 마음에서 경험하는 변화와 관계에 대한 이야기를 할 거예요. 여러분은 사춘기를 어떻게 맞이하고 싶은가요? 갑작스럽게 들이닥친 불청객이 아니라, 나의 일부로 받아들이기 위해서는 사춘기에 대해 알아 갈 필요가 있어요. 나 자신을 알고, 타인을 알고, 사회에 대해 알아 가면서 나를 다각도로 이해할 수 있게 될 거예요.

사춘기 마인드맵

사춘기 하면 떠오르는 느낌, 생각, 말, 단어, 그림 등을 적거나 표현해 주세요!

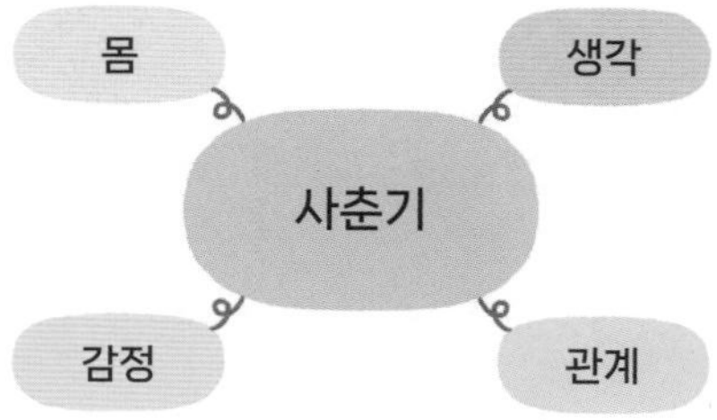

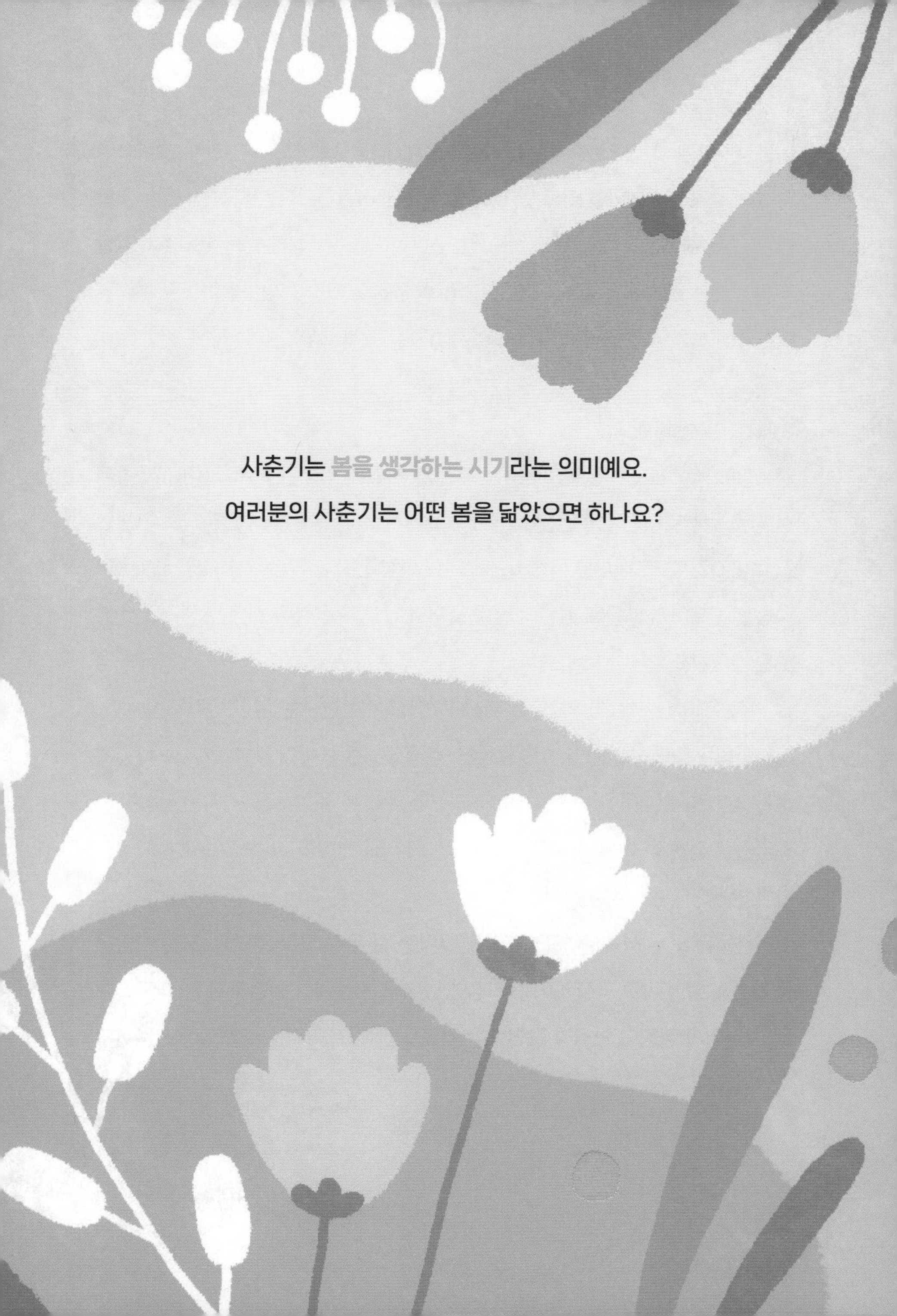

사춘기는 봄을 생각하는 시기라는 의미예요.

여러분의 사춘기는 어떤 봄을 닮았으면 하나요?

사춘기란?

몸과 마음이 성장하는 시기를 사춘기라 해요. 한자로 사춘기(思春期)는 봄을 생각하는 시기라는 의미를 갖고 있어요! 봄은 어떤 시기인가요? 새로운 시작이기도 하고, 다른 계절을 보내기 위해 준비하는 시기이기도 해요. 봄에 새싹이 돋고 만물이 자라듯 사춘기에 우리 몸은 성장해요. 또 봄의 날씨가 변화무쌍하듯이 우리의 마음도 새로운 감정을 알아 가면서 여러 변화를 겪게 돼요.

사춘기=반항의 시기?

사회에서는 사춘기를 '중2병', '반항기'로 치부해 버리곤 하지요. 미디어 속에서 사춘기를 맞이한 청소년은 문제아로 그려져요. 과연 누구의 관점으로 만들어진 이미지일까요? 대부분 비청소년에 의해 형성된 사회 통념이에요. 청소년은 미성숙한 존재이기 때문에 성인의 말을 들어야 하고, 순응해야 한다는 생각에서 비롯된 것이지요.

'반항'은 다른 사람의 의견에 대해 반대하고 저항한다는 의미를 갖고 있어요. 청소년의 관점에서 반항을 바꿔 말하면 '주체성', '주관'이라 할 수 있어요. 나만의 생각과 의견이 생기니까 다른 사람의 의견에 대해 반대할 수 있게 되는 것이지요. 조금만 관점을 바꾸면 사춘기는 문제적인 시기도, 반항의 시기도 아니에요. 그저 나를 만들어 가는 길일 뿐이에요.

어른들은 모두 성숙할까요? 그렇지 않다는 걸 우리 모두 알아요. 모든 사람은 늘 자신을 알아 가고 형성해 가는 과정에 있어요. 사춘기를 경험하게 된 걸 축하해요. 사춘기가 질병이 아니라 당연함이 되었으면 해요. 여러분 스스로가 사춘기의 주인이 되어 보세요.

사춘기 변화

사춘기 변화 대처하기

사춘기 일정표

자신이 낯설게 느껴진 적 있나요? 사춘기를 맞이하고 나면 '나'에 대해 많은 고민이 들어요. 어느 순간 내 몸과 마음이 뒤죽박죽되는 변화를 경험하게 되죠. 키도 크고, 가슴도 나오고, 처음으로 월경이나 몽정을 경험할 수도 있어요. 때로는 그 변화가 너무 당황스러워서 불쾌할 때도 있어요. 그래서 사춘기에는 매일 새로운 나를 알아 갈 시간이 필요해요. 사람마다 사춘기 변화를 맞이하는 시기는 달라요. 보편적으로 진행되는 순서와 시기를 간단히 알려 드릴게요. 내가 경험하게 될 변화를 미리 안다면 덜 당황스러울 거예요.

호르몬 수치가 높아지고, 키가 자라고, 몸무게가 증가해요. 여자 청소년에게 이 시기 가장 눈에 띄는 변화는 가슴 발달이에요. 유두가 민감해지고 가슴이 아프거나 몽우리가 잡힐 수 있어요. 얼굴에는 여드름이 나게 될 거예요. 그 후에 겨드랑이와 성기 주변에 털이 나기 시작하고 땀 냄새가 짙어져요. 성기에도 변화가 생겨요. 음낭과 음경이 커지고 외음부 색이 진해져요. 그리고 내부 성기가 발달하면서 몽정과 월경을 시작해요. 물론 이 과정은 사람마다 차이가 있어요.

평균적으로 사춘기 이차 성징은 만 10세부터 16세까지 나타나요. 만약 만 8세 이전에 가슴이 발달하거나 음모가 생긴다면 성조숙증을 의심해야 해요. 병원을 방문하면 성적 발달을 잠시 미루는 주사 치료를 할 수 있어요. 반대로 발달이 늦는 경우도 있어요. 만 13세까지 음모가 자라지 않거나, 만 15세까지 월경을 하지 않는다면 병원을 방문해야 해요.

사춘기 몸의 변화

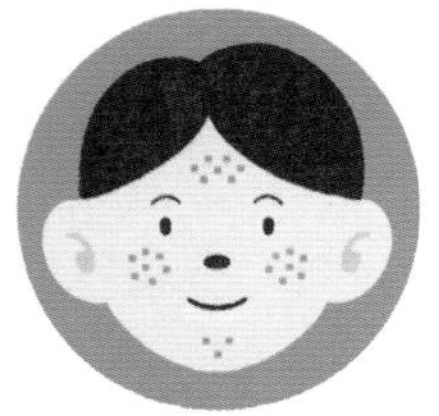

여드름

청소년기에 피지 분비가 활발해지면서 여드름이 생길 수 있어요. 많은 사람들이 여드름은 깨끗하지 않아서 생긴다고 생각해요. 그러나 여드름은 피부 상태와 피지 분비량에 따라 결정되는 문제예요. 오히려 세수를 자주 하면 피부가 건조해져서 여드름이 더 많이 날 수 있어요. Tip. 피부 자극이 적은 제품을 사용하세요. 고름처럼 염증성 여드름이 난다면 피부과에 방문하세요.

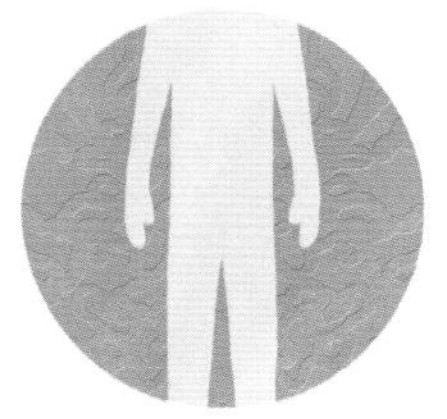

체취

호르몬 작용으로 아포크린 땀샘이 활성화돼요. 아포크린은 지방 성분의 땀을 내보내는데, 피부에 있는 세균과 만나면 특이한 냄새가 나죠. 주로 겨드랑이와 성기 주변에 분포되어 있어요. Tip. 땀을 흘린 후 바로 샤워를 하면 좋아요. 데오도란트를 사용하는 것도 추천해요.

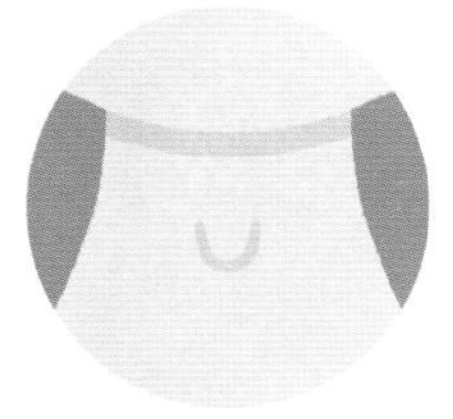

변성기

목소리가 변하는 시기를 '변성기'라 해요. 성별에 상관없이 누구나 경험할 수 있고, 짧게는 2주, 길게는 몇 년간 지속되기도 해요. 변성기를 거치면서 울대뼈가 튀어나오는 사람도 있어요. 울대뼈가 나왔다면 목소리가 저음으로 변한다는 징조예요. Tip. 물을 많이 마시고 목을 따뜻하게 보호해 주세요.

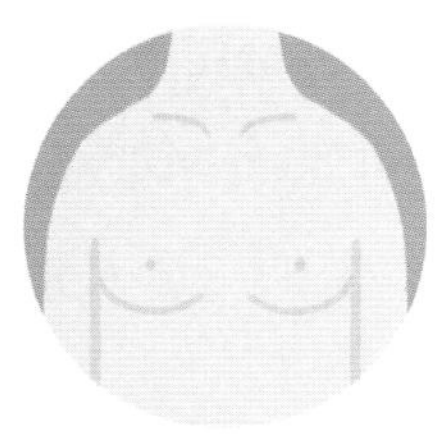

가슴 변화

에스트로겐과 프로게스테론이 가슴에 있는 유선을 자극하면서 가슴 발달이 시작돼요. 처음에는 유두가 조금씩 튀어나오면서 가슴 몽우리가 잡히기 시작해요. 그 후로 점점 가슴이 봉긋하게 올라와요. Tip. 가슴이 발달할 때는 유두와 유방 모두 민감해져요. (몸 이미지 파트의 추천 속옷을 참고하세요. 50쪽~)

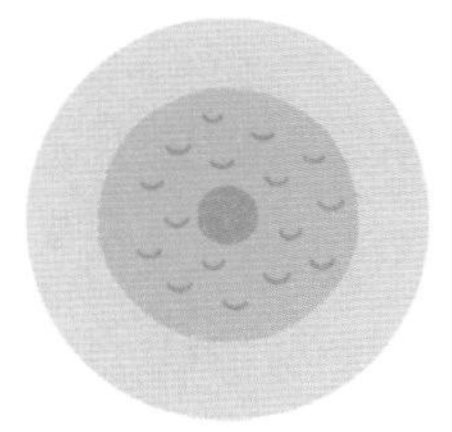

유륜

유두 주변에 피부색보다 진한 부분을 '유륜'이라 해요. 가슴 발달을 하면서 유륜 색도 바뀌어요. 연분홍색, 주홍색, 밝은 갈색 등 사람마다 각기 다르게 변해요. 유륜의 색은 DNA로 결정돼요. Tip. 유륜을 자세히 보면 오돌토돌한 돌기가 있어요. 돌기의 이름은 '몽고메리 결절'이에요. 여드름이 아니니 절대 짜지 마세요!

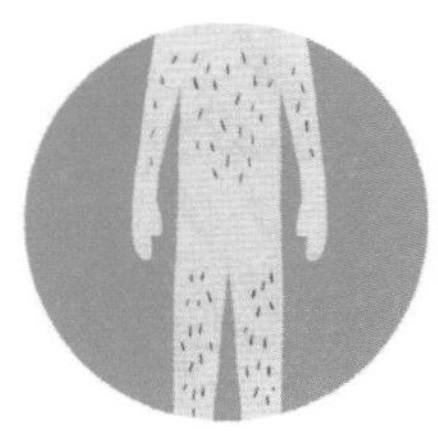

털

얼굴부터 발끝까지 우리 몸은 털로 덮여 있어요. 사춘기에는 솜털이 짙어지고 두꺼워져요. 그리고 겨드랑이나 성기 주변에 털이 나기 시작해요. 털은 우리 몸을 보호하는 역할을 해요. 필요에 따라 제모나 면도를 할 수 있지만, 이건 선택 사항이에요. Tip. 다양한 방법으로 제모를 할 수 있어요. 제모기를 이용해서 직접 할 수도 있고, 병원에서 레이저 시술을 받을 수도 있어요. 혹은 왁싱 전문 숍을 방문할 수도 있어요. 장단점을 비교하고 선택하길 바라요.

월경

성호르몬이 분비되면서 내부 성기에 변화가 시작돼요. 난소에서는 난자를 성숙시켜서 한 달에 한 번 난관으로 내보내요. 포궁은 난자가 머물 수 있도록 피와 영양분으로 포궁 내벽을 두껍게 만들어요. 그리고 일정 기간이 지나면 몸 밖으로 내보내 월경을 하게 돼요.

(여성 남성 건강 파트의 월경 내용을 참고하세요. 138쪽~)

몽정/사정

남자는 정자를 만들 수 있게 돼요. 정소에 정자가 가득 차면 정관을 통해 몸 밖으로 흘러나오기도 해요. 자고 있을 때 흘러나오는 현상을 '몽정', 깨어 있을 때 흘러나오는 현상을 '유정'이라 해요. 그리고 의도적으로 정자와 정액을 배출하는 행동을 '사정'이라 해요.

마음 변화

우리는 태어날 때 기본 감정을 갖고 태어나요. 기쁨, 슬픔, 분노, 공포(불안), 혐오. 다섯 개의 기본 감정은 사춘기를 맞이하면서 점차 다양한 감정으로 발전하죠. 여러 감정을 동시에 느끼기도 하고, 표현하기 어려운 새로운 감정을 경험하기도 해요. 이런 과정을 통해 마음의 성장을 이루어 갈 거예요. 자기 이해 파트에서는 느낌 일기 쓰는 방법을 배웠으니 이번에는 여러분이 느끼는 다양한 감정들을 정리해 봐요. 여러분만의 감정 구슬을 만들어 보세요.

① 5가지의 기본 감정 색을 정해 하단 구슬을 색칠해 주세요.

② 오른쪽 구슬 라벨에 감정의 종류를 적고 5가지의 기본 감정 색을 섞어 가며 새로운 감정을 표현해 보세요. 예를 들어 공포와 기쁨이 만나면 놀라움이 될 수 있어요!

공포
기쁨
놀라움

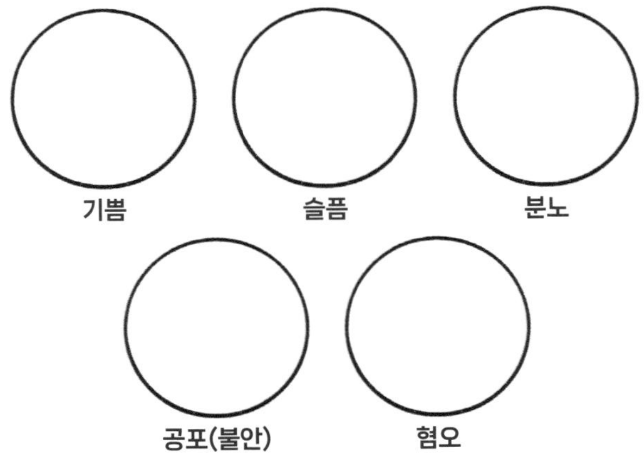

예) 답답함, 무서움, 배신감, 사랑, 우울감, 자기 비하, 재미있음, 증오, 짜증, 황홀함 등

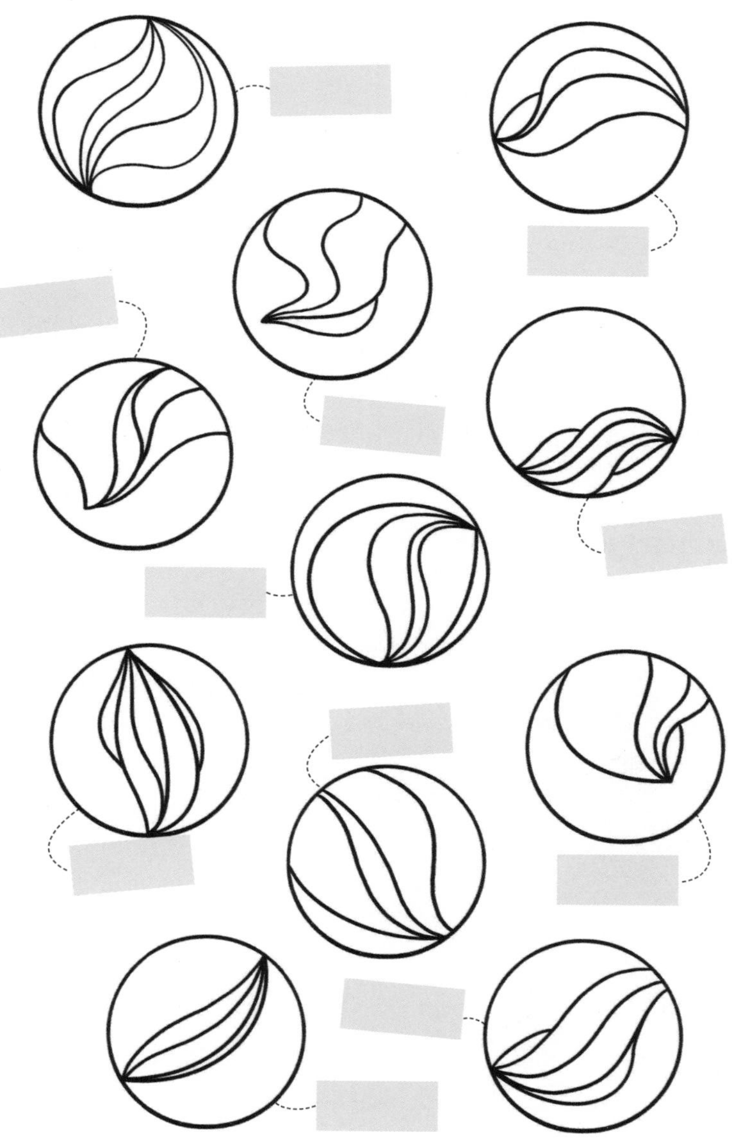

사춘기 준비

더 나은 사춘기 준비하기

사춘기 맞이하기

사춘기는 여행과 같아요. 내가 가는 곳이 어떤 곳인지 미리 알고 준비할 필요가 있어요. 예컨대 바다를 갈 때와 산을 갈 때 챙겨야 하는 물건들이 달라지죠. 바다를 갈 때는 슬리퍼가 실용적이지만, 산에서는 슬리퍼보다 운동화가 알맞지요. 이처럼 사춘기에 대해 미리 알고 준비한다면 당황스러움은 줄어들고, 즐거움은 배가 될 거예요. 이미 사춘기를 경험하고 있다 해도 괜찮아요. 사춘기는 생각보다 길어서 지금부터 준비해도 늦지 않아요! 여러분은 어떤 사춘기를 보내고 싶나요? 여러분의 바람을 표현해 주세요.

사춘기 쿠폰

사춘기를 맞이한 나를 위한 쿠폰 북을 만들어 보세요.

*오려서 사용할 수 있는 쿠폰은 책 뒤편 부록에 있습니다.

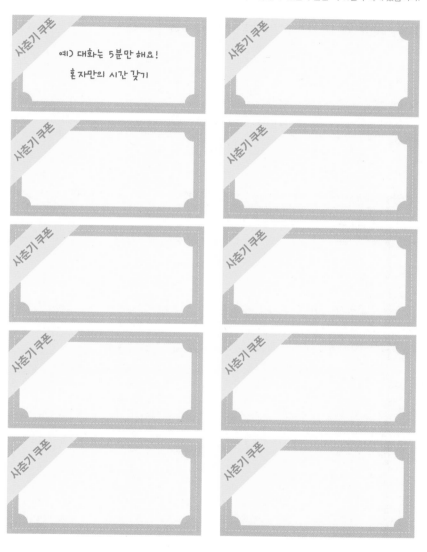

사춘기 박스

사춘기를 맞이한 나를 위한 선물 박스를 준비해 보세요. 필요한 물품들을 오려서 붙여 보세요. 활동을 마치면 가족에게 결과를 공유하고 실제 사춘기 박스를 만들어 보세요. 여러분이 사춘기를 맞이하는 데 도움이 될 거예요.

*오려서 사용할 수 있는 그림은 책 뒤편 부록에 있습니다.

To .

PART

3

관계

경계 존중

동의

연애

경계 존중

사람 사이의 경계 감각 깨우기

여러분은 친한 사람과 걸을 때 어느 정도 거리를 유지하나요? 나란히 걸을 수도 있고, 어깨동무를 하거나, 손을 잡거나, 팔짱을 끼고 걸을 수도 있겠죠. 그럼 오늘 처음 본 사람과는 어떤가요? 아마 친한 사람보다는 멀리 떨어져서 걷게 될 거예요. 사람 사이에는 보이지 않는 경계(personal boundaries)가 있어요.

심리 상담가 앤 캐서린은 경계를 '자신의 온전함을 지킬 수 있는 한계'라고 설명했어요. 여러 관계에서 나를 보호하고 나를 온전하게 지킬 수 있게 해 주는 울타리 같죠. 그러나 너무 큰 울타리를 지으면 다른 사람과 교류할 수 없어요. 그래서 경계는 나를 보호할 수 있을 정도로 튼튼하면서, 다른 사람을 받아들일 만큼 유연해야 해요. 경계 존중은 나와 다른 사람에게 있는 경계를 인지하고 함부로 침범하지 않는 태도에서 시작돼요. 동의를 통해 상대의 경계선을 존중하며 관계를 맺어 보세요.

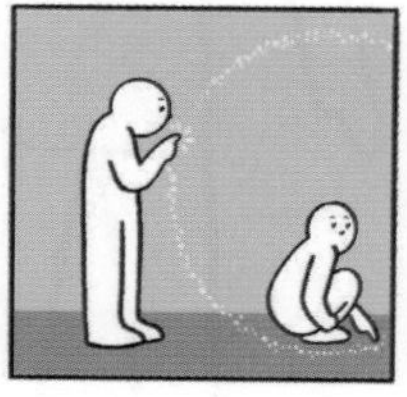

경계란 눈에 보이지는 않지만 누구나 존중받아야 하는 공간을 말해요.
몸과 마음, 공간, 디지털 등의 다양한 영역에 경계가 있어요.

나의 경계 찾기

사람마다 경계의 모습은 달라요. 우선 여러분의 몸의 경계를 찾아봐요.

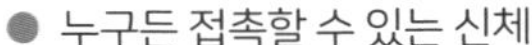

- 누구든 접촉할 수 있는 신체
- 친한 사람만 접촉할 수 있는 신체
- 나만 접촉할 수 있는 신체 (위급 상황 시 제외)

예)

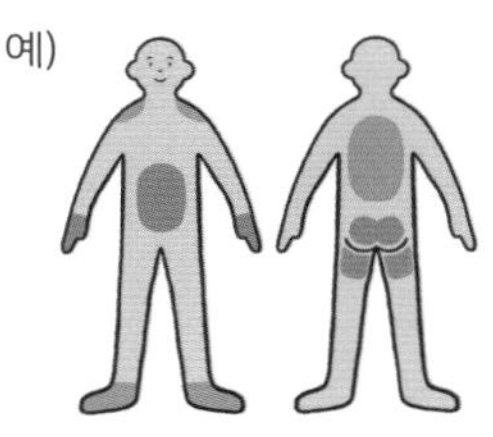

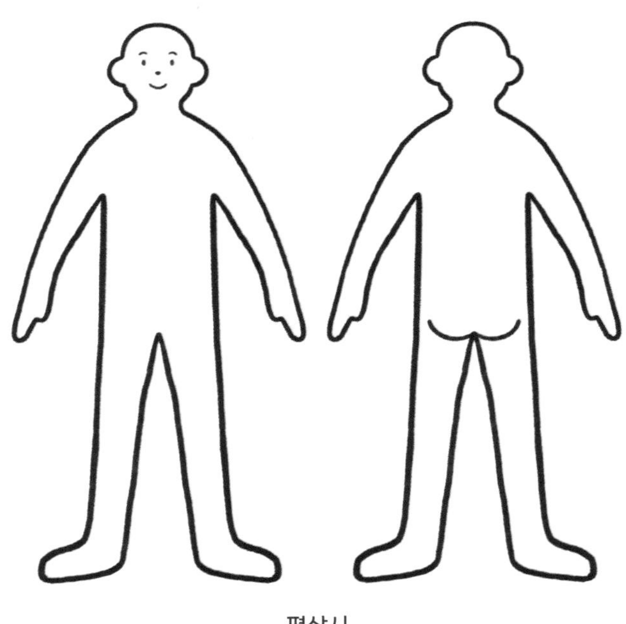

평상시

경계는 나의 기분,
상황, 장소, 상대방에 따라
변할 수 있어요.

몸이 피곤하고 마음이 힘들 때

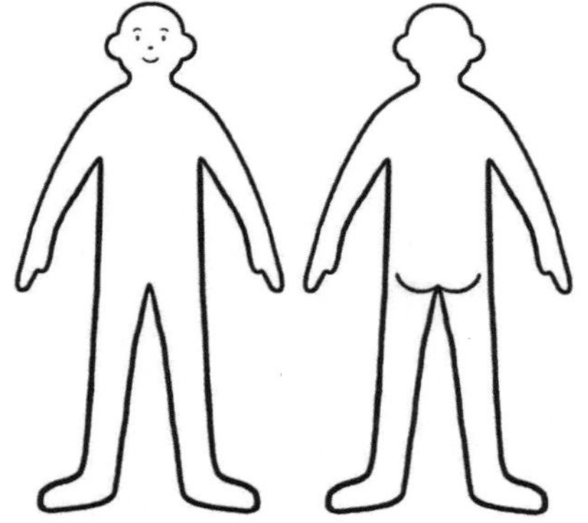

경기에서 이겨서 기분이 좋을 때

사람이 많은 공공장소

다음 상황을 읽고 상대방이 나의 경계를 침범했다고 생각된다면 빈칸에 체크를 해 주세요.

물리적 경계	☐ 가족이 내 방에 노크 없이 들어왔다. ☐ 친구가 옆에서 내 핸드폰 화면을 본다. ☐ 가족이 내 물건을 사용한다. ☐ 친구들과 놀고 있는데 애인이 상의 없이 데리러 왔다.
신체적 경계	☐ 애인이 길거리에서 갑자기 볼 뽀뽀를 했다. ☐ 알게 된 지 얼마 안 된 사람이 어깨동무를 한다. ☐ 모르는 사람이 길을 물어보면서 내 어깨를 잡았다. ☐ 트레이너가 자세를 교정해 주면서 내 몸을 만진다.
심리적 경계	☐ 전 애인이 나의 친구를 통해 내 일상을 물어본다. ☐ 다른 사람이 나의 연애 상태를 물어본다. ☐ 다른 사람이 나의 외모에 대해서 평가/칭찬한다. ☐ 친구가 나와 애인의 스킨십 정도를 물어본다.
디지털 경계	☐ 애인이 함께 찍은 사진을 프로필로 사용했다. ☐ 친구가 함께 찍은 사진을 SNS에 올리고 태그했다. ☐ 친구에게 사진을 보내 달라고 했는데 친구가 단체 채팅방에 보냈다. ☐ 친구가 소개팅을 해 준다며 내 번호를 다른 사람에게 공유했다.

동의

합의의 조건

'합의'는 서로의 의견을 합하는 과정을 의미해요. 동의는 존중과 권리와 밀접한 관계를 갖고 있어요. 동의는 상대방의 상황이나 기분을 존중하겠다는 배려의 태도예요. 또한 동의를 구하고 상대방의 의견을 존중한다는 건 나와 상대의 권리를 함께 지키는 방식이기도 해요. 결국 동의와 존중과 권리는 서로 연결되어 있어요. 동의가 모여 '합의'가 되는 과정을 연습하다 보면 어느새 안전하고 평등한 관계를 갖게 될 거예요.

키스해도 돼?

이 질문을 받았다면 어떨 것 같나요? 'YES/NO'를 선택하기 전에 여러 생각이 들 거예요. 의사를 결정하기 전에 생각해 봐야 할 질문에는 무엇이 있을까요?

- ○ 상대방이 누구인가?
- ○ 내가 원하는 행동인가?
- ○ 그 행동을 하기에 적합한 상황/환경인가?
- ○
- ○

상대방이 내가 좋아하는 사람이고, 나와 상대방 모두 스킨십을 할 준비가 되었다면 대부분 'YES'를 선택할 거예요. 그런데 만약 양치를 하지 못했거나, 입에 포진이 생겨서 아픈 상황이라면 어떨까요? 또 장소가 공공장소이거나, 친구나 가족과 함께 있는 환경이라면 선택이 바뀔까요?

동의를 하기까지 많은 생각이 필요해요. 사람마다 동의 혹은 거절을 하는 데 걸리는 시간은 다를지라도 여러 생각을 하는 건 비슷할 거예요. 그러기에 동의를 구하는 건 상대방의 감정과 상황을 배려하고 존중하는 태도라 할 수 있어요. 여러분이 동의를 구하는 태도를 갖춤으로써 더 좋은 관계를 맺을 수 있을 거라 믿어요.

동의는 찌질하다고?

동의를 구하는 행동이 남자답지 못하다고 생각하는 사람들이 종종 있어요. 미디어에서 벽 치기, 기습 키스, 손목 당기기, 기습 포옹처럼 갑작스러운 스킨십을 본 적 있을 거예요. 로맨틱해 보이지만 상대방의 동의 없는 행동은 폭력일 뿐이에요. 진짜 '남자다운' 행동은 상대를 배려하는 모습이지요.

분위기 깨지 마!

스킨십을 하기 전에 동의를 구하는 행동이 분위기를 깬다고 말하기도 해요. 그러나 분위기라는 건 지극히 주관적이에요. 나는 로맨틱하다고 느꼈지만 상대방은 아닐 수 있어요. 불확실함이 아니라 명확한 의사를 듣고 행동하세요. 분위기 타다가 자칫 실수할 수 있어요.

동의의 요소

다른 사람의 방에 들어가기 위해 노크를 하듯이 경계를 침범하지 않고 넘어가기 위해서는 상대방의 동의가 중요해요. 이때 진정한 동의가 되기 위해서는 적극적 동의, 현재적 동의, 수평적 동의가 모두 성립되어야 해요. 이 세 가지 요소 중 하나라도 없다면 동의라고 볼 수 없어요.

● 적극적 동의

혹시 누군가 노크를 하고 벌컥 여러분의 방에 들어온 적이 있나요? 동의는 구했지만 대답을 듣지 않았기 때문에 동의라 할 수 없어요. 동의가 되려면 상대방의 적극적인 동의를 들어야 해요. 만약 상대방이 미소를 짓거나, 대답을 하지 않고 있다면 동의라고 생각하면 안 돼요. 명확하게 "좋아!"라고 표현한 것만 동의예요. 기억해 주세요. Just YES means YES!

● 현재적 동의

과거의 동의 여부는 중요하지 않아요. 지금 이 순간 동의를 구하고 합의했는지가 중요하지요. 동의는 매 순간, 순간이 진행형이어야 해요. 그렇기에 합의를 했다 하더라도 언제든지 동의 여부는 바뀔 수 있어요.

● 수평적 동의

동의를 구한다는 건 우리가 서로 같은 의견인지 아닌지 확인하는 과정이에요. 그 과정이 수평적이지 않은 관계에서 일어난다면 동의라 할 수 없어요. 사람과 사람 사이에는 힘의 차이가 존재해요. 이건 친한 친구나 연인 사이에서도 마찬가지죠. 그래서 나와 상대방이 평등한 관계인지 살펴봐야 해요. ① 거절할 때 마음이 편안한가요? ② 서로의 의견을 수용하나요? ③ 서로 동일한 요구와 질문을 할 수 있나요?

저는 고등학교 1학년 때 생물 교과서 담당이었어요.
선생님께서 늘 교과서를 가져오라고 시키셨어요.
귀찮거나 힘든 날도 교무실에 가서 교과서를
가져와야 했어요.
- 라라 -

라라의 경험에 3가지 질문을 적용해 볼게요. 수평적 동의가 가능한 상황인지 알아봐요.

● 어떻게 거절해야 할까?

요구를 거절할 때 눈치를 보거나 핑계를 찾게 되나요? 거절한 뒤의 관계 변화가 걱정된다면 평등한 관계라 할 수 없어요.

● 거절하면 어떤 반응이 올까?

내가 만약 거절을 한다면 어떤 상황이 펼쳐질까요? 거절/동의 여부와 상관없이 나의 대답이 존중받을 수 있어야 해요.

● 선생님! 제 교과서 가져다주세요!

만약 라라가 교과서를 놓고 왔을 때 선생님께 동일한 요구를 할 수 있을까요? 동일한 요구나 질문을 할 수 없다면 수평적 동의는 불가능해요.

경험의 차이가 주는 불편함

20살과 19살은 한 살밖에 차이 나지 않지만 서로 경험하는 문화가 굉장히 달라요. 20살은 사복을 입고 다니지만 19살은 교복을 입을 가능성이 높죠. 학교를 다니는 20살은 본인이 선택한 과목의 수업을 듣겠지만 학교를 다니는 19살은 본인이 선택하지 않은 과목의 수업도 들어야 할 거예요. 20살은 담배나 술을 살 수 있지만 19살은 그럴 수 없어요.

어떤가요? 한 살 차이지만 서로 경험하는 문화나 환경이 매우 다르다는 게 보이나요? 이렇게 경험이 차이가 날 때, 보통은 경험을 하지 못한 사람이 경험을 한 사람을 부러워하는 경우가 많아요. 이 둘이 만나게 되면 서로 다르게 경험한 문화와 환경들이 서로를 수평적이지 못하게 만들 거예요. 망설이는 비경험자에게 경험자는 이 말만 하면 되니까요.

"내가 경험해 봤는데 좋더라."

어떤 성적 행동에 동의를 하기 위해서는 충분한 탐색과 예측이 필요해요. 하지만 저 말 한마디가 고민을 막아요. '내가 비경험자여서 아직 잘 모르는 거구나.' 하고 생각하게 만들거든요.

경험 차이가 클수록, 나이 차이가 클수록, 우리는 충분한 고민이 필요한 결정을 경험자의 말에 맡기게 될 가능성이 높아요. 우리가 나이 차이가 너무 많이 나는 관계를 경계하는 건 이런 이유 때문이에요. 여러분은 비슷한 경험과 비슷한 탐색을 하는 비슷한 나이의 사람들을 만나 충분히 고민하고 결정을 내렸으면 좋겠어요.

거절이 어려운 사람에게

거절이 누구에게나 쉬운 일은 아니에요. 자신을 책망하기보다는 나를 돌아보는 시간이 필요해요. 거절이 어려운 이유가 무엇인가요? 어떤 생각이나 감정이 느껴지나요? 여러분의 생각을 빈칸에 작성해 보세요.

거절할 때 어떤 생각이 드나요?	숨어 있는 감정/생각
관계가 안 좋아질 것 같아. 상대방이 날 싫어하면 어떡하지?	두려움, 불안/ 요구 사항을 들어줘야 할 것 같아.
상대방이 불편해하면 어떡하지?	걱정/불편하게 만들고 싶지 않아.
대답을 어떻게 해야 할지 모르겠어.	당황, 난감
내가 거절해도 되는 걸까?	걱정/예의를 지키고 싶어.
내가 거절해도 어차피 받아들여지지 않아.	무기력, 체념
거절하면 매번 싸우게 돼.	불안/싸우고 싶지 않아.

거절하기 어려운 이유를 찾았다면 나를 위한 방법을 찾아서 실천해 보세요!

- 친한 친구에게 고민을 털어놓아 보세요.
- 친구들에게 거절하기 연습을 도와 달라고 요청해 보세요. "내가 거절할 때 너희가 의견을 존중해 주면 좋겠어. 도와줄래?"
- 다양한 대답을 미리 준비해 보세요. 나만의 거절 표현을 정해서 상대방에게 알려 줘도 좋아요.
- 거절/동의가 당신의 가치를 결정하지 않아요. 자신을 믿어 주세요.
- 만약 거절 때문에 관계가 틀어지거나 갈등이 생긴다면, 그 관계 자체를 고민해 보세요. 계속 이어 가야 할 관계일까요?
- 심리 상담도 큰 도움이 돼요.

연애

사랑에도 배움이 필요해

연애는 낯선 두 사람이 긴밀한 관계를 맺어 가는 과정이라 할 수 있어요. 연애를 시작하는 이유는 다양해요. 정답은 없지만 '모쏠'을 탈출하기 위한 트로피식 연애나 외로움을 달래기 위한 연애는 추천하지 않아요. 서로를 도구로 사용하다 보면 배려나 존중이 부족해질 수 있기 때문이에요. 사랑도 관계에서 시작되기에 배움이 필요해요. 그 첫걸음은 나를 알아 가는 거예요. 그 후에 상대방을 알아 가고 우리가 함께할 방식을 정해 가는 거죠.

다양한 사람들에게 물어봤어요. "여러분이 꿈꾸는 연애는 어떤 모습인가요?" 다른 사람들의 답변을 읽어 보고 여러분의 생각을 적어 주세요. 여러분은 어떤 사람과 어떤 연애를 하고 싶나요?

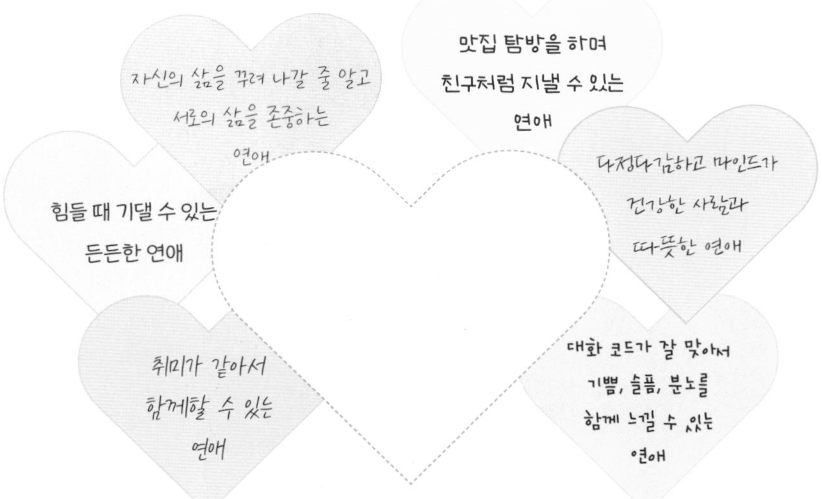

자신의 삶을 꾸려 나갈 줄 알고 서로의 삶을 존중하는 연애
맛집 탐방을 하며 친구처럼 지낼 수 있는 연애
힘들 때 기댈 수 있는 든든한 연애
다정다감하고 마인드가 건강한 사람과 따뜻한 연애
취미가 같아서 함께할 수 있는 연애
대화 코드가 잘 맞아서 기쁨, 슬픔, 분노를 함께 느낄 수 있는 연애

연애는 전혀 다른 삶을 살던 사람을 만나서 친밀한 관계를 맺어 가는 과정이에요. 그러기에 연애를 시작하기에 앞서 자신을 돌아보는 시간이 필요해요. 아래 질문에 답해 보면서 나를 알아 가 보세요. 그리고 기회가 된다면 상대방에게도 같은 질문을 해 보며 서로를 알아 가길 바라요.

---

1. 내가 좋아하는 것과 싫어하는 것이에요.

예) 음식, 장소, 고백하는 방법, 사랑 표현, 스킨십 등

2. 나는 좋아할 때 이렇게 표현해요.

3. 나는 상대가 이렇게 해 주면 사랑받는다고 느껴요.

예) 선물을 줄 때, 연락을 자주 할 때, 사소한 걸 챙겨 줄 때 등

4. 내가 불안하거나 힘들 때는 이렇게 위로해 줘요.

5. 나는 갈등을 해결할 때 이렇게 하는 편이에요.

예) 나만의 시간이 필요하다, 얼굴을 보고 이야기해야 한다 등

6. 나는 이 행동을 절대 허용할 수 없어요.

예) 동물을 학대하는 행동, 서비스업 종사자에 대한 배려 없는 행동 등

나를 분석해요

젠더 쿠키를 만들어 가며 나를 보다 입체적으로 살펴보는 시간을 가져 봐요.

성 정체성 (Gender Identity)

'성 정체성' 혹은 '성별 정체성'이라는 용어로 익숙할 거예요. 스스로를 어떤 젠더로 정체화하고 있는지를 말해요. 태어날 때 지정된 성별과 내적으로 자신이 느끼는 성별이 동일할 수도 있고, 다를 수도 있어요.

여자 남자

젠더 표현 (Gender Expression)

자신의 젠더를 어떻게 표현하고 있는지를 말해요. 옷, 헤어스타일, 목소리, 체형, 말투 등을 통해 자신의 성 정체성을 표현하는 행위를 말하지요. 전통적인 성 역할에 기반해서 여성다움과 남성다움을 구분하고 있어요.

여성적 남성적

생물학적 성 (Biological Sex)

출생 시 지정된 성별을 뜻해요. 내외부 성기, 호르몬, 성염색체 등을 기준으로 남성, 여성으로 분류해요.

여성 남성

신체적 끌림

성적으로 누구에게 끌리는지를 말해요.

여자
남자

감정적 끌림

정서적으로 누구에게 끌리는지를 말해요. 플라토닉과 같이 정신적인 교감도 포함돼요.

여자
남자

참고 | Trans Student Educational Resources

고백의 방법

성공적으로 고백하는 방법을 알고 있나요? 많은 사람들이 고백을 자신의 마음을 표현하는 용기 있는 태도라고 생각하지만, 용기만 있는 일방적인 고백은 성공하기 어려워요. 사랑 고백은 '나의 솔직한 마음을 들어줘!'가 아니라 서로의 마음을 '확인'하는 과정이어야 해요. 서로의 마음을 표현하고 관계를 정립하는 과정이 고백이지요. 그렇다면 고백을 어떻게 해야 할까요?

첫 번째로, 고백을 하기 전에 상대방과의 친밀감을 쌓는 것이 중요해요. 서로를 더 잘 알고 이해할수록 고백을 성공할 확률이 자연스레 높아져요. 함께 시간을 보내며 관계를 깊게 만들어 가는 것이 좋은 방법이 될 거예요.

두 번째로, 고백은 서로의 의사소통을 통해 더욱 깊은 관계를 형성하는 계기가 되어야 해요. 고백은 상대방의 의견과 감정을 존중하는 자세로 진행되어야 해요. 마치 폭탄이 터지기 전에 급히 전달하는 것 마냥 갑작스러운 고백은 당황스러움만 남기게 돼요. 상대방의 의견을 듣고 받아들이며, 서로의 마음을 확인하고 공감하는 과정을 거쳐야만 고백은 진정한 의미를 갖게 돼요.

마지막으로, 내 마음을 위한 안전장치가 필요해요. 고백을 받은 상대방의 반응을 예측하기 어려우니 고백하기 전 상대방의 반응에 대비한 대처 계획을 갖고 있다면 더 좋겠죠? 상대방이 긍정적으로 반응한다면 어떻게 할 것인지, 부정적으로 반응한다면 상대와 나의 앞으로의 관계를 어떻게 할 건지 생각해 봐야 해요. 그리고 나를 위로할 수 있는 방법을 미리 찾아 두면 마음 회복에 도움이 될 거예요.

고백은 용기 있는 행동이지만, 서로의 마음을 확인하고 관계를 정립하는 과정이어야 한다는 것을 기억해 주세요. 어떤 결과든 서로를 더 잘 이해하고 존중하는 계기로 삼아야 해요. 여러분의 사랑에도 새로운 시작이 깃들길, 행운을 빕니다!

SKIN TO SKIN

좋아하는 사람과 있다 보면 신체 접촉(스킨십)을 하고 싶은 마음이 들기도 하지요. 다양한 스킨십을 떠올려 보고 자신의 상황에 맞게 색칠해 보세요. 색칠하기가 어렵다면 ○△□와 같은 방법으로 표시해도 좋아요.

- ● 할 수 있거나 하고 싶은 스킨십
- ▲ 상대방과 합의하면 시도해 볼 수 있는 스킨십
- ■ 하고 싶지 않은 스킨십

키스	손잡기	포옹	무릎베개	배 만지기
눈맞춤	뽀뽀	깍지 끼기	백허그	머리 쓰다듬기
귀 만지기	팔짱	볼키스	간지럽히기	허벅지 만지기
무릎 위에 앉기	엉덩이 토닥이기	몸에 뽀뽀하기	발 안마	성기 접촉
가슴 만지기	귓속말	성기 만지기	허리 감싸기	어깨 기대기

취향과 합의

많은 사람들이 통상적인 스킨십 순서가 있는 것처럼 말해요. 손잡기가 첫 번째고 섹스가 마지막은 아니에요. 스킨십은 합의와 취향의 문제이기 때문에 사람마다 각기 다른 순서를 가지고 있죠. 그리고 그 순서는 언제든 바뀌거나 뒤로 돌아갈 수 있어요. 게임 퀘스트를 깨듯이 앞으로만 전진해야 하는 건 아니에요. 상대와 나의 상황, 감정, 우리의 관계에 따라 변할 수 있다는 걸 기억하세요.

연애 속 나의 권리 점수는?

1=전혀 아니다 2=아니다 3=보통이다 4=그렇다 5=매우 그렇다

	문항	전혀 아니다	—	보통이다	—	매우 그렇다
1	좋아하다가 싫어지는 감정이 생길 수 있다는 걸 인정하고 받아들일 수 있다.	①	②	③	④	⑤
2	나는 성적 욕망이나 지식에 대해 상대에게 이야기할 수 있다.	①	②	③	④	⑤
3	상대에게 화났을 때, 고마울 때 등의 감정을 표현할 수 있다.	①	②	③	④	⑤
4	상대가 어떻게 반응할지 걱정되더라도 감정을 감추거나 왜곡하지 않는다.	①	②	③	④	⑤
5	상대의 일방적인 요구에 대해 '부당함'을 이야기할 수 있다.	①	②	③	④	⑤
6	나는 원하지만 상대가 싫다고 하면 강요하지 않고 상대의 의사를 존중한다.	①	②	③	④	⑤
7	나는 여전히 좋아하는데 상대는 헤어지려 할 때 억지로 붙잡지 않는다.	①	②	③	④	⑤
8	나는 나의 성적인 욕망에 대해 그대로 인정한다.	①	②	③	④	⑤
9	나는 나에게 맞는 안전한 피임법에 대해 알고 있다.	①	②	③	④	⑤
10	성적 욕망이 생기면 나름대로 해소할 수 있는 방법을 알고 있다.	①	②	③	④	⑤
11	성관계 의사 없이도 상대와 여행을 함께할 수 있다.	①	②	③	④	⑤

12	내 감정과 느낌이 소중한 만큼 상대의 상태를 충분히 고려하고 배려할 수 있다.	① ② ③ ④ ⑤
13	상대의 감정을 통제하기 위해 내 감정을 과장하거나 왜곡되게 표현하지 않는다.	① ② ③ ④ ⑤
14	합의된 신체적 접촉(예: 키스)을 하는 중에 내 마음대로 다른 행동을 하지 않는다.	① ② ③ ④ ⑤
15	상대의 신체적 접촉에 대한 제안을 내가 원하지 않을 경우 거절할 수 있다.	① ② ③ ④ ⑤
16	연애하고 싶은 사람이 생길 때 상대에게 먼저 제안해 볼 수 있다.	① ② ③ ④ ⑤
17	나는 사람을 사귈 때 '이 사람은 내 거다.' 라는 생각을 우선하지 않는다.	① ② ③ ④ ⑤
18	내가 고백했을 때 상대가 관심이 없다고 말해도 안타깝지만 받아들일 수 있다.	① ② ③ ④ ⑤
19	상대가 취해서 정신이 없을 때를 기회로 평소에 원했던 접촉을 시도하지 않는다.	① ② ③ ④ ⑤
20	성적으로 끌리는 대상이 있으면 상대방의 동의를 구하면서 성관계를 제안할 수 있다.	① ② ③ ④ ⑤
총점(20문항x5점=100점 만점 중 응답자의 점수)		**합계 ( ) 점**

출처 | 한국여성민우회 성폭력상담소

80점 이하

빨간불! 위험! 훈련이 필요해요. 나의 권리를 포기하면서 상대방에게 맞추는 건 위험해요.

81점~92점

노란불! 노력이 필요해요. 점수가 낮은 문항을 확인해주세요. 관계에서 무엇이 어려운가요?

93점 이상

파란불! 비교적 안전해요. 실제 관계에서도 자신의 결정권을 존중받고 타인을 배려하길 바라요.

이별에도 존중이 필요해

연애의 시작만큼 끝도 중요해요. 이별 과정에서 필요한 존중과 배려는 무엇이 있을까요? 연애를 함께 시작했다면 이별도 함께 만들어 가야 한다는 걸 기억해 주세요.

● Part 1. 이별은 갑작스럽지 않게

삐- 갑자기 울리는 휴대 전화 때문에 놀란 적이 있나요? 이별을 재난 문자처럼 갑작스럽게 통보하는 경우가 있어요. 일방적으로 이별을 통보받는다면 어떤 마음이 들까요? 이별에는 준비가 필요해요. 매일 아침 서로의 안부를 물었던 것처럼 이별하기 전에 서로의 마음 변화를 예측할 수 있는 시간을 가져야 해요. "요즘 같이 있어도 다른 곳에 있는 것 같아.", "우리 서로에게 신경 쓸 필요가 있는 것 같아.", "최근 우리 관계에 대해서 어떻게 생각해?"라는 식으로 표현해 보면 어떨까요?

● Part 2. 이별도 함께 만들어 가기

연애 시작을 함께했듯이 이별도 함께 만들어 가야 해요. 이별 후 서로에게 바라는 점을 나눠 보세요. 서로가 생각하는 배려가 다를 수 있어요. 예를 들면, 서로의 사진을 함께 지우기로 결정한다거나, 연애 중 친해진 상대방 친구들에게 인사를 나누는 자리를 갖거나, 서로의 이야기를 다른 사람에게 소문내지 않기로 하자는 등의 이야기를 해 볼 수 있을 거예요. 마지막까지 서로를 존중하는 게 중요해요.

● Part 3. 관계 재정립하기

이별을 했다면 관계를 새롭게 재정립해야 해요. 친구로 남을 것인지, 서로 모르는 사이처럼 지낼 것인지, 서로가 원하는 바에 대해 말하고 합의하는 과정이 필요해요. 그동안 말하지 못한 응어리가 있다면 풀고, 서로에게 고마웠던 점과 아쉬웠던 점을 함께 나눠 보세요. 싸움으로 끝나는 연애가 아니라 성숙으로 이어지는 이별을 만드는 거예요.

<내가 사랑했던 모든 남자들에게>

<플립>

『오, 사랑』 | 조우리 | 사계절

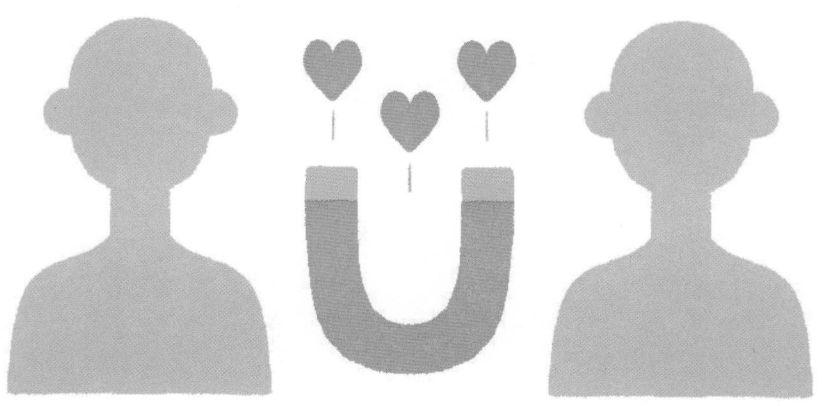

만약 데이트 폭력을 경험하고 있다면 안전 이별이 필요해요.

(데이트 폭력 파트의 안전 이별을 참고하세요. 197쪽~)

PART 4

성 행동

자위와 포르노

섹스

피임

자위와 포르노

건강하게 나를 사랑하는 방법

자위는 스스로 자신을 위로한다는 의미예요. 성적인 자위는 자신의 신체를 만지거나 상상을 통해서 오르가슴을 느끼는 행위를 말하지요. 자위는 나이나 성별에 상관없이 누구나 할 수 있는 성 행동이에요. 그런데 많은 사람들이 남성만 하는 것처럼 알고 있죠. 여성의 97.1%가 자위를 경험해 봤다고 해요. (여성신문&우머나이저 2020년 온라인 설문 조사) 처음 자위를 한 나이는 남녀 모두 10대라는 답변이 가장 많았어요.

어떤 이유로 자위를 할까?

- 성적 욕구를 해소하기 위해 66.4%
- 성적 즐거움을 위해 33.6%
- 휴식을 취하거나 스트레스를 해소하기 위해 23.3%

출처 | 2020 텐가 자위행위 실태 조사

'파트너가 없어서(13.5%)' 자위를 하는 경우는 적었어요.
게다가 섹스보다 자위를 더 선호하는 경우도 있었죠.
자위는 섹스의 대체 행위가 아니라
자위행위 자체로 의미를 갖고 있어요.

자위는 몸에 안 좋을까?

1900년대에는 자위를 하지 못하게 하려고 채식 위주의 식단을 권유했어요. 그 과정에서 개발된 음식이 바로 켈로그 형제의 시리얼이에요. 지금은 재미있는 에피소드이지만 그 당시에는 자위를 가장 위험한 성욕이자 죄악, 질병으로 치부했어요.

지금도 자위가 몸에 좋지 않다는 인식이 있지만 과학적으로 증명된 사실이 아니에요. 오히려 주기적으로 자위를 하는 사람이 섹스와 오르가슴에 높은 만족도를 보여요. 또한 자위가 기분이나 에너지 등에 긍정적인 영향을 미친다는 답변을 볼 수 있어요. (2020 텐가 자위행위 실태 조사) 건강한 방법으로 한다면 자위는 여러분의 삶에 도움이 될 거예요.

나를 사랑하는 방법

● 나만의 공간

자위를 하기 전에 혼자 있을 수 있는 공간을 만들어야 해요. 동거인이 있다면 문을 잠그는 것도 좋은 방법이에요. 누구의 방해도 받지 않는 안전한 공간과 충분한 시간을 마련하세요.

● 청결은 기본

성기 주변 피부는 다른 신체에 비해 예민하고 연약하기 때문에 조심해야 해요. 또 음경, 음순, 항문은 신체 내부와 연결되어 있으니 청결에 신경을 써야 해요. 손을 깨끗이 씻고 손톱은 짧게 다듬어 주세요. 수용성 윤활제를 사용하는 방법도 있어요.

● 온몸에 집중하기

포르노와 같은 성적 표현물에 시각을 뺏기지 말고 청각, 후각, 촉각 등 여러 감각을 활용하세요. 성기만 자극하기보다 온몸에 최대한 집중하며 몸의 변화를 느껴 보세요.

● 천천히 즐기기

성기를 강하고 빠르게 압박하는 행동은 추천하지 않아요. 자위는 좋은 쾌감을 오래 유지할 수 있도록 성감이 가장 낮은 곳에서부터 핵심적인 부분으로 점차 다가가는 거죠. 사정을 하지 않거나 오르가슴을 느끼지 못해도 괜찮아요. 자위 자체를 즐겨 보세요.

Tip. 남성의 경우 사정감이 느껴질 때 참기 위해 힘을 주면 전립선에 무리가 갈 수 있어요. 또 고환을 감싼 백막이 다칠 수 있으니 힘을 풀고 심호흡을 하는 방식을 추천해요.

● 현타는 그만

자위를 하고 난 뒤 죄책감이 몰려오는 경우가 있어요. 자책하지 말고 편안한 자세로 잠시 쉬어 주세요. 생각도, 행동도 멈추는 거예요. 그 후 깔끔하게 뒤처리를 하면 자위 끝!

내 몸 탐색하기

만지면 기분이 좋거나 마음이 편해지는 신체 부위가 있나요? 라라는 불안할 때 팔뚝을 쓰다듬으면 마음이 편해져요. 잠이 안 올 때는 겨드랑이 사이에 손을 넣고 있기도 해요. 여러분은 어떤가요? 아래 그림에 나만 알 수 있는 방식으로 표시해 보세요. 만졌을 때 기분 좋은 곳, 어색한 곳, 불쾌하거나 싫은 곳 등 다양하게 표현해 보세요.

예)

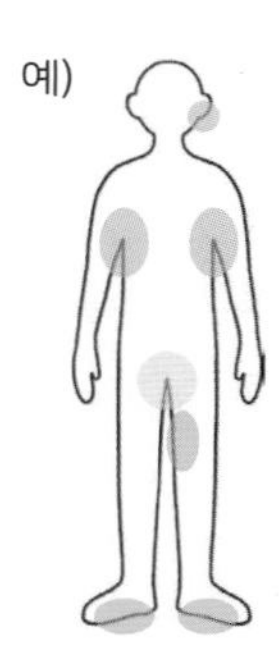

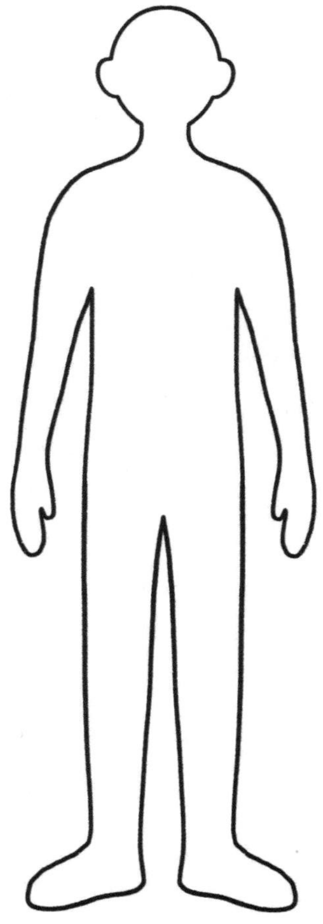

Q&A

Q. 자위를 많이 하면 음경이 휘나요?

A. 음경의 모양은 자위와 상관없어요. 음경이 휘어지는 건 좌, 우, 아래에 있는 음경 해면체의 길이가 다르기 때문이에요.

Q. 자위를 자주 하면 키가 안 크나요?

A. 자위를 하면 머리가 빠진다거나 키가 안 큰다는 속설이 있지요. 그러나 자위와 키는 전혀 상관없다는 사실을 기억해 주세요!

Q. 자위를 많이 하면 음순의 색이나 모양이 변하나요?

A. 아니요! 음순의 색은 각자 갖고 있는 DNA가 결정하는 거예요. 자위나 성관계 여부로 음순의 모양이 바뀔 일은 없어요.

Q. 자위 중독인지 아닌지 알 수 있나요?

A. 중독이란 그 행위 때문에 일상적인 일을 할 수 없는 상태가 되거나 경제적인 활동을 하지 못하는 경우를 말해요. 본인이 조절할 수 있다면 중독이 아니에요. 걱정된다면 며칠 동안 자위를 멈춰 보세요!

Q. 자위를 하면 근 손실이 오나요?

A. 운동을 하는 남성들이 많이 궁금해하는 질문인데요, 정액에 단백질이 포함되어 있으니 이런 생각을 하는 게 아닐까 싶어요. 하지만 한 번의 사정으로 나오는 정액의 양은 2~5ml 남짓이고 그중 80%는 수분이에요. 정액의 단백질 함유량은 150mg이고 남성의 하루 단백질 권장 섭취량은 50g 이상이니까 손실되는 단백질은 극소량이라고 할 수 있지요. 그래도 근 손실이 걱정되는 분은 자위 후 단백질이 포함된 음식을 드시면 되겠죠?

포르노는 잠시 안녕

혹시 자위를 위해 포르노를 준비하나요? 포르노를 보면서 자위를 하는 건 자신의 성 반응이 아니라 포르노 속 상황에 따라 자위를 하게 되는 거예요. 많은 사람들이 포르노를 볼 때 전체 영상이 아니라 성적 쾌감이 상승하는 부분을 위주로 보기 때문에 짧은 피크(peak) 오르가슴만 느끼게 돼요. 충분한 오르가슴을 느끼거나 조절해 보지 못하고 자위가 끝나죠. 그러다 보면 자위 시간은 짧아지고 충분한 오르가슴을 즐기지 못하게 돼요. 포르노보다는 상상을 통해 자극하는 방식이 자위를 즐기기 좋아요.

숫자로 보는 포르노

45%

세계적으로 가장 많이 시청한 포르노 사이트에 게시된 영상물의 45%에는 적어도 한 번 이상의 신체적 폭력 행위가 포함되어 있어요.

12%

포르노의 12%는 미성년자, 친족, 자녀와의 성관계, 신체적 폭력이나 불법 행위를 포함하고 있어요.

97%

포르노에서 폭력에 노출된 사람은 97%가 여성이었어요.

15%

구글(Google)에 따르면 전 세계 모든 인터넷 검색의 15%가 포르노에 대한 것이라 해요. 포르노 사이트가 다른 사람을 착취하면서 매년 수십억 달러를 벌고 있어요.

26%

청소년 인터뷰 결과, 26%가 누군가 섹스를 거절하거나 섹스 중에 원치 않음을 표현하는 모습을 본 적 있고, 27%는 원하지 않는 사람과 섹스를 하는 것처럼 보이는 포르노를 본 적 있어요.

포르노와 현실의 차이

포르노가 실제 섹스와 다르다는 건 누구나 알아요. 그런데 막상 포르노를 보면 몰입하게 되면서 현실과 구분되지 않게 되죠. 게다가 최근에 유통되고 있는 '야동'에는 불법 촬영물이나 피해 촬영물도 있어서 더 문제예요. 포르노에는 없고, 현실에는 있는 무언가에 대해 얘기해 보려 해요.

포르노에는

[   ] 이(가) 없다.

동의 피임 청결 소통 인권

포르노에는 없는 ____________

● **동의가 없다**

포르노에는 동의가 빠져 있어요. 그저 성 행동과 성기에만 집중되어 있을 뿐이죠. 몇 년 전 유행했던 '앙기모찌'라는 단어가 어디에서 시작되었는지 아시나요? 바로 일본 AV예요. 처음에는 여성이 성관계를 거부하다가 강압적인 성관계를 통해 결국에는 만족한다는 레퍼토리에서 나온 표현이죠. 현실에서는 있을 수 없는 일이죠. 만약 상대방이 '싫다'라는 표현을 한다면 당장 행동을 멈춰야 해요. 그러나 포르노에서는 동의를 구하거나 상대방의 의견을 존중하는 태도를 찾아볼 수 없어요.

● **피임과 위생이 없다**

실제 성관계에서 안전은 중요한 요소예요. 콘돔은 성전파 질환 예방과 피임을 목적으로 사용되는 안전장치예요. 콘돔이나 덴탈 댐(dental dam; 구강성교 때 성전파 질환을 예방하기 위해 사용하는 얇은 라텍스 막) 없이 성관계를 하는 건 보호 장치 없이 놀이 기구를 타는 거나 마찬가지죠. 그러나 포르노에서는 피임과 청결, 성전파 질환에 대한 이야기는 나오지 않아요. 포르노는 환상만 키울 뿐 실용적인 정보를 주지 못해요.

소통이 없다

흔히 성관계를 몸의 대화라고 해요. 신체적 교감은 충분한 소통이 전제되어야 가능해요. 상대방의 욕구나 불안, 즐거움을 알지 못하면 만족스러운 성관계가 될 수 없죠. 포르노에서는 오롯이 표정과 신음으로 표현해요. 그러다 보니 별로인데도 좋은 척 연기하거나, 상대방이 만족했는지 모르는 경우가 생기죠. 포르노를 통해 배운 성관계는 교감이 아니라 만족시키겠다는 자만과 솔직하지 못한 표현으로 거짓을 만들게 되죠.

여성의 관점이 없다

포르노에는 여성의 성기, 몸, 얼굴, 표정, 목소리가 가득 차 있어요. 그러나 포르노는 여성이 아니라 여성을 바라보고 있는 누군가의 시선으로 만들어져 있죠. 여성은 성적인 도구로만 소비되고 있어요. 여성의 몸을 보여 주지만 그들의 욕구나 생각은 빠진 불평등한 연출이라 할 수 있어요.

인권이 없다

인권은 사람이 사람답게 살아갈 수 있게 해 주는 가장 기본적인 권리를 말해요. 포르노는 사람이 만들고 사람이 나오는 미디어지만 사람을 위한 인권이 없다니 아이러니하지요. 누군가는 돈을 받기 때문에 정당하다고 말해요. 그러나 돈이 개입되면 수평적 동의가 불가능해요. 오히려 불평등한 관계가 확고해지죠. 그 결과 포르노 배우는 임신, 성전파 질환, 폭력 등 위험한 상황에 노출되기 쉬워져요. 인권이 사라진 포르노를 소비하는 건 그 행위에 동참하는 것이나 마찬가지예요.

포르노 사용 셀프 체크

포르노를 한 번도 본 적 없는 사람은 있어도, 한 번만 본 사람은 없을 거예요. 그만큼 포르노는 우리 뇌에 큰 인상을 남기고 점점 더 자극적인 영상을 원하게 만들죠. 혹시 나도 포르노에 중독된 건 아닐까 염려된다면 자가 검진을 해 보세요. 다음 질문을 읽고 본인에게 해당되는 정도를 1부터 7로 답해 보세요.

1=전혀 아니다 2=드물게 그렇다 3=종종 그렇다 4=가끔 그렇다
5=자주 그렇다 6=매우 자주 그렇다 7=항상 그렇다

	문항	전혀 아니다 — 가끔 그렇다 — 항상 그렇다
1	나는 음란물이 내 삶의 중요한 부분이라고 느꼈다.	① ② ③ ④ ⑤ ⑥ ⑦
2	나는 기분을 안정시키기 위해 음란물을 사용했다.	① ② ③ ④ ⑤ ⑥ ⑦
3	나는 음란물이 내 성생활에 문제를 일으킨다고 느꼈다.	① ② ③ ④ ⑤ ⑥ ⑦
4	나는 만족하기 위해 점점 더 많은 음란물을 봐야만 한다고 느꼈다.	① ② ③ ④ ⑤ ⑥ ⑦
5	나는 음란물 보는 양을 줄여 보려 노력했지만 실패했다.	① ② ③ ④ ⑤ ⑥ ⑦
6	무언가에 의해 음란물을 볼 수 없게 되었을 때 나는 스트레스를 받았다.	① ② ③ ④ ⑤ ⑥ ⑦
7	나는 음란물을 보면 얼마나 좋을까 생각했다.	① ② ③ ④ ⑤ ⑥ ⑦
8	부정적인 생각이 들 때 음란물을 보고 없앤 적이 있다.	① ② ③ ④ ⑤ ⑥ ⑦

9	음란물을 보는 것은 일상(학교생활, 대인 관계)에서 내가 좋은 사람이 되지 못하도록 한다.	① ② ③ ④ ⑤ ⑥ ⑦
10	나는 내 욕구를 충족시키기 위해서 점점 더 많은 음란물이 필요하다고 느낀다.	① ② ③ ④ ⑤ ⑥ ⑦
11	나는 더 이상 음란물을 보지 않겠다고 다짐했지만, 그것은 잠시뿐이었다.	① ② ③ ④ ⑤ ⑥ ⑦
12	음란물을 볼 수 없게 되었을 때 안절부절못한 적이 있다.	① ② ③ ④ ⑤ ⑥ ⑦
13	나는 음란물을 언제 볼지 끊임없이 계획했다.	① ② ③ ④ ⑤ ⑥ ⑦
14	나는 음란물을 시청함으로써 긴장을 푼다.	① ② ③ ④ ⑤ ⑥ ⑦
15	나는 음란물 시청으로 인해 다른 여가 활동을 소홀히 했다.	① ② ③ ④ ⑤ ⑥ ⑦
16	예전에 보던 것들이 시시해져 점점 더 과격하고 수위 높은 음란물을 보게 된다.	① ② ③ ④ ⑤ ⑥ ⑦
17	음란물 시청을 끊으려고 시도하지만 금세 실패한다.	① ② ③ ④ ⑤ ⑥ ⑦
18	한동안 음란물을 보지 않았을 때 음란물을 보고 싶은 욕구가 생긴다.	① ② ③ ④ ⑤ ⑥ ⑦
총점(18문항x7점=126점 만점 중 응답자의 점수)		**합계 (　　　　) 점**

출처 | PPCS-K(Problematic Porn Consumption Scale-Korean Version)

모든 질문에 답하셨나요? 전체 합계가 67점 이상이라면 음란물 사용에 문제가 있는 거예요. 만약 67점이 넘었다면 청소년상담복지센터, 1388, 학교 wee클래스 등에서 전문가에게 도움을 요청하세요. 포르노를 끊겠다는 다짐은 혼자 할 수 있지만, 실제로 중독을 멈추려면 다른 사람의 도움을 받을 때 더 효과적이에요.

포르노 엑세스 제한 걸기

가장 쉽지만 어려운 일 중 하나는 포르노에 대한 접근을 제한하는 방법이에요. 대개 포르노를 시청하는 일반적인 시간은 오후 10시에서 12시 사이죠. 해당 시간에 포르노를 소비하는 데 사용할 수 있는 전자 기기를 다른 방에 두는 방법도 있어요. 침실에서는 잠만 잔다는 규칙을 세우는 거죠. 다른 방법으로는 포르노에 접근할 수 없도록 필터링 역할을 해주는 앱을 사용하는 거예요.

내 뇌를 자극하는 순간 알아차리기

내가 언제 포르노를 소비하는지 알아차리는 것도 중요해요. 대개 지루하거나, 외롭거나, 스트레스를 받을 때 포르노 시청을 선택하곤 하죠. 내가 느끼는 부정적인 감정을 해소하는 방식으로 포르노를 선택하다 보면 어느새 포르노가 나의 습관이 되기도 해요. 내가 언제, 어떤 상황에서, 어떤 감정일 때 포르노를 선택하게 되나요? 이 답을 찾는다면 포르노에서 탈출할 수 있는 해법도 찾게 됩니다. 나 자신을 기분 좋게 만드는 새로운 습관을 찾아보아요. 화가 날 때 달린다거나, 달달한 음식을 먹으며 행복함을 느낀다거나, 친구에게 하소연한다거나…. 포르노가 아니어도 나에게 위안을 줄 수 있는 방법은 다양해요.

도움 청하기 + 새로운 습관 만들기

우리가 기억해야 할 건 절대 혼자 해결하지 않는다는 거예요. 포르노는 너무나 쉽게 찾아볼 수 있고 소비할 수 있는 환경이 조성되어 있어요. 그래서 다른 사람의 도움이 필요하곤 하죠. 친한 친구에게 도움을 요청하기 민망하다면 학교 wee클래스 상담 선생님, 보건 선생님, 1388 청소년 전화 상담 등 믿을 수 있는 어른과 대화를 나눠 보세요.

1. 포르노를 소비하는 이유가 무엇인가요?

2. 주로 언제, 어떤 상황에서 포르노를 시청하나요?

3. 부정적인 감정을 해소하기 위한 방법으로 무엇이 있을까요?

4. 포르노를 보고 싶은 마음이 들 때 멈추도록 도와주는 행동을 적어 보세요.

예) 일어나서 거실로 나간다, 달리기를 하러 간다 등

5. 도움을 청할 수 있는 사람이 있나요?

섹스

행복한 섹스를 위한 방법 알기

성적 자기 결정권

섹스를 하려면 많은 준비가 필요해요. 상대방과 나의 취향, 피임, 서로의 불안감, 대처 행동, 임신이나 성전파 질환에 대한 생각 등 정말 많은 이야기를 나눠야 하죠. 섹스를 준비하는 건 '첫 경험'에만 국한되지 않아요. 매 순간 서로에 대해 살피고 관심을 가져야 하죠. 먼저 '나'에 대해 살펴보죠. 사람이라면 누구나 갖고 있는 권리가 있어요. 바로 성적 자기 결정권이에요!

성적 자기 결정권은 헌법 제10조 제1문의 인격의 존엄과 가치 및 행복 추구권이 보장하는 인격권에서 도출된 권리예요. 개인의 섹슈얼리티와 밀접한 관련을 갖고 있어 전반적인 성에 대한 결정권을 의미해요. 흔히 성적인 관계를 맺거나 거부할 권리라 생각하지만 더 많은 권리를 내포하고 있어요. 자신의 성적 지향과 성별 정체성에 대해 정보를 얻고 자신의 정체성을 형성할 권리, 몸과 마음에 대해 결정할 권리, 사랑, 연애, 결혼을 결정할 권리 등이 포함돼요.

여기서 우리가 집중할 부분은 '자기' 결정권이라는 말이에요. '행복을 추구한다는 것은 자신의 삶을 자신의 의지대로 꾸려 나가는 자율적 주체임을 존중받는 것'(권김현영 외 131)이에요. 즉, 개인이나 사회, 국가에 의한 강요나 억압이 없는 상태에서 스스로 결정할 수 있어야 한다는 것이죠. 또 그 결정을 존중받아야 하고요. 여러분에게는 어떤 성적 자기 결정권이 있나요? 혹은 어떤 권리가 침해되거나 존중받지 못하고 있나요?

__________________ 의 성적 자기 결정권

첫째,

둘째,

셋째,

성적 자기 결정권 : 성적인 일에 대하여 타인의 간섭 없이 자기 스스로 판단하여 결정하는 권리

섹스 준비하기

여러분이 섹스를 한다면 무엇이 필요하다고 생각하나요? 사랑, 신뢰, 혼인 신고서, 장미, 깔 맞춤 속옷, 음악 등 어떤 것이든 답이 될 수 있어요. 섹스할 때 필요한 준비물을 적어 주세요.

섹스 필수 조건

동의, 안전, 피임이 없는 섹스는 나와 상대방을 배려하지 않은 폭력이 될 수도 있어요. 섹스를 하기 전에 대화를 통해 아래 세 가지를 보장할 수 있는 관계를 형성해야 해요. 누구도 불안하지 않은 섹스가 진짜 행복한 섹스예요.

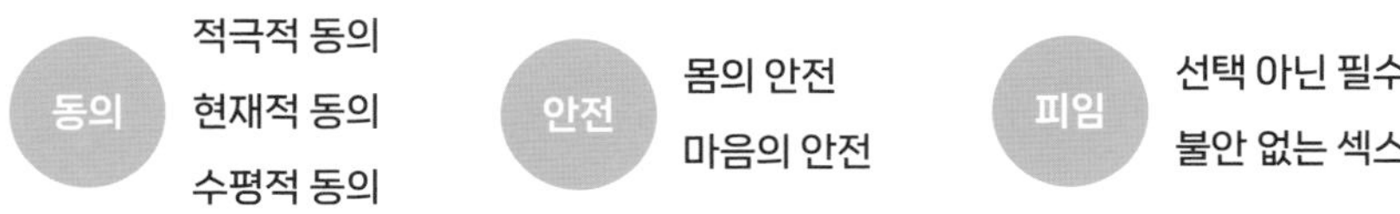

동의에 대하여

사랑하는 사이는 '눈빛만 봐도 알 수 있는' 사이라고 말하곤 해요. 여러분은 어떤가요? 여러분이 사랑하는 연인, 친구, 가족, 그들의 눈빛만 봐도 무엇을 원하는지 알 수 있나요? 상대방의 모든 걸 알게 되었다 하더라도 사람의 마음은 언제 어떻게 바뀔지 몰라요. 그래서 서로 동의를 구하고, 허락하고 거절하는 대화가 자연스럽게 이루어질 수 있어야 해요. 매번 질문하는 게 지루하다면 우리만의 시그널을 만들어 보는 것도 좋아요. 서로가 합의한 방법이라면 말이 아니어도 동의를 구할 수 있어요.

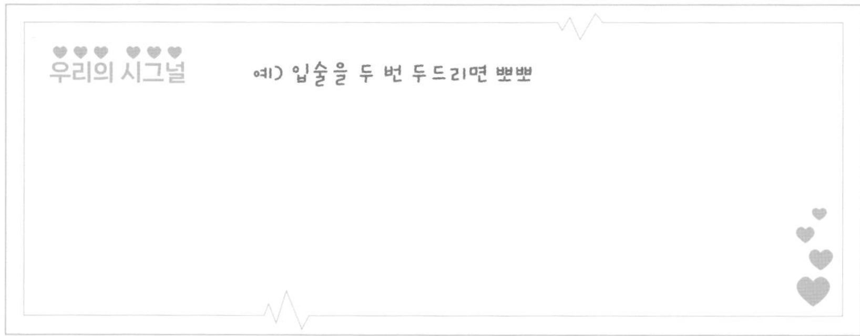

몸의 안전

나와 상대방 모두의 몸이 안전해야 해요. 몸의 안전에는 임신과 성전파 질환이 포함돼요. 이를 위해서는 임신과 임신 중단에 대한 생각, 피임 방법, 성전파 질환 여부, 성전파 질환 예방 방법 등을 미리 논의하고 준비해야 해요. 예를 들면 콘돔으로 성전파 질환을 예방하고, 피임 기구를 통해 임신을 피할 수 있겠죠. 서로의 성적 취향에 대한 대화도 필요해요. 연애 파트에서 했던 활동을 떠올려 보며 서로가 준비된 행동을 공유해 보세요.

마음의 안전

몸의 안전을 준비하려면 나를 돌아보는 시간이 필요해요. 아래의 질문에 답하기 어렵다면 아직 마음의 안전이 준비되지 않은 거예요. 파트너가 있다면 질문에 답해 보고 생각을 함께 나눠 보세요. 때때로 사랑하는 사람을 위해 섹스를 선택하는 경우도 있어요. 하지만 그건 배려가 아니라 나를 위험에 몰아넣는 행동이에요. 행복한 섹스는 안전하고 편안한 내 마음에서 시작돼요.

☐ 섹스 후 마음의 변화가 예상되나요?

☐ 섹스 후 관계의 변화가 예측되나요?

☐ 섹스에서 무엇을 얻을 수 있나요?

☐ 섹스에서 가장 두려운 것은 무엇인가요?

대화가 필요해

섹스를 하기 위해서는 대화가 필요해요. 만약 상대방과 섹스에 대한 대화를 시작하기 어렵다면 아직 섹스를 하기에는 이른 관계예요. 몸의 대화를 하기 위해서는 미리 많은 이야기를 나눠야 해요.

- ☐ 나는 섹스를 하고 싶나요?
- ☐ 상대방이 섹스를 하고 싶은지 어떻게 아나요?
- ☐ 동의를 구하는 방법을 아나요? 서로 합의한 방식이 있나요?
- ☐ 섹스 후 우리에게 어떤 변화가 생길까요? (몸, 마음, 관계 변화)
- ☐ 섹스를 한다면 어디에서 할 것인가요? 그때 무엇이 필요한가요?
- ☐ 피임은 어떤 방식으로 할 것인가요?
- ☐ 피임 비용은 어떻게 부담할 것인가요?
- ☐ 성전파 질환(STI)을 예방하기 위해 어떤 노력을 할 수 있나요?
- ☐ 성전파 질환(STI)에 걸렸을 때 어떻게 대처할 것인가요?
- ☐ 섹스에서 가장 걱정되는 것은 무엇인가요?
- ☐ 섹스 후 월경이 늦어질 때 불안감을 상대방과 어떻게 나눌 건가요?
- ☐ 불편할 때 나 혹은 상대방은 어떤 행동을 하나요?
- ☐ 서로에게 안정감을 주고 위로하는 방법을 알고 있나요?
- ☐ 임신을 하게 된다면 어떤 선택을 하고 싶나요?
- ☐ 임신 중단을 위해 어떠한 적극적 행동을 할 수 있나요?

둘이 하는 섹스, 함께하는 피임

함께 섹스를 한다면 피임도 같이 하는 게 당연한 거예요. 상호 피임(이중 피임)은 남성과 여성이 함께하는 피임으로, 임신을 막을 뿐 아니라 성전파 질환을 예방할 수 있어요. 하지만 피임에 대해서 오롯이 여성에게 책임이 있다고 생각하는 사람들이 있어요.

피임을 실패했을 때 여성과 남성이 경험하는 무게가 달라요. 그러다 보니 한쪽 성은 피임에 더욱 신경 쓰게 되지만, 다른 한쪽은 피임에 무심해지기 쉽죠. 특히 OECD 국가 중 콘돔 사용률 최하위 국가인 한국 사회에서 상호 피임은 쉽지 않아요. 예를 들면 '성감이 떨어진다.', '분위기가 깨진다.', '콘돔을 끼는 건 진정한 사랑이 아니다.' 같은 말들이 존재하기 때문이죠.

만약 상대방이 콘돔 사용을 거부한다면 함께하는 섹스가 아니라 '혼자' 즐거운 섹스를 원하는 건 아닌지 명확하게 할 필요가 있어요. 누군가 불안과 두려움을 갖고 있다면 그건 실패한 섹스예요. 합의도 배려도 없는 섹스는 섹스라 할 수 없지요. 섹스는 함께하는 것이므로 피임에 대한 책임을 동등하게 나눠 가져야 해요.

스텔싱 범죄

스텔싱 범죄는 '몰래 함'이라는 'Stealth'에서 파생된 단어예요. 스텔싱 범죄는 성관계의 동의는 있었으나, 성관계 도중 콘돔 등 피임 기구를 상대의 동의 없이 제거 또는 훼손하는 행위를 의미해요. 스텔싱은 상대를 속이는 거짓 행동 그 이상이에요. 성전파 질환에 노출될 위험이나 원치 않는 임신과 같은 신체적 위해를 주는 폭력이에요. 독일, 스위스, 캐나다, 미국(캘리포니아주) 등 해외에서 스텔싱을 '동의가 없는 성행위'로 평가하여 처벌하고 있어요.

피임에 대한 대화를 어떻게 시작해야 할까요?

저는 연인과 유튜브 채널을 함께 봤어요.
피임용품 사용 후기를 나누는 영상을 보고
우리에겐 어떤 피임 방법이 맞을지 얘기했어요.

"만약 임신하면 어떻게 해야 할까?" 질문했어요.
진지한 대화를 통해서 피임의 중요성을 알았죠.

저는 여자 친구에게 불안감을 표현했어요.
그 후로 무조건 콘돔을 사용하고,
여자 친구의 월경 주기를 기록했어요.
월경이 늦어질 때는 같이 약국에 가서
임신 테스트기를 사기도 해요.

콘돔 피팅룸이 있다는 걸 친구한테 들었어요.
데이트 코스로 가서 자연스럽게 대화했어요.

피임

선택이 아닌 필수

섹스에서 가장 걱정되고 두려운 것이 무엇인지 물어봤어요. 놀랍게도 성별에 따라 전혀 다른 답이 1위를 차지했어요. 여성의 경우 임신이 가장 걱정된다고 응답했고, 남성은 상대방을 만족시킬 수 있을지 걱정된다고 답했어요.

훌륭한 테크닉이나 달콤한 말도 좋지만 사실 정말 필요한 건 누구도 불안하지 않은 섹스를 하는 거예요. 서로가 두려움 없이 편안하게 섹스를 할 수 있는 환경을 만드는 것이 섹스 전 우리의 역할이에요. 그러기 위해서는 충분한 대화, 편안한 분위기, 상대방의 불안을 알아주고 함께 해결하는 과정, 그리고 피임법 실천이 필요하지요. 만약 당신이 이성애자라면 피임은 선택이 아닌 의무라는 사실을 기억하세요!

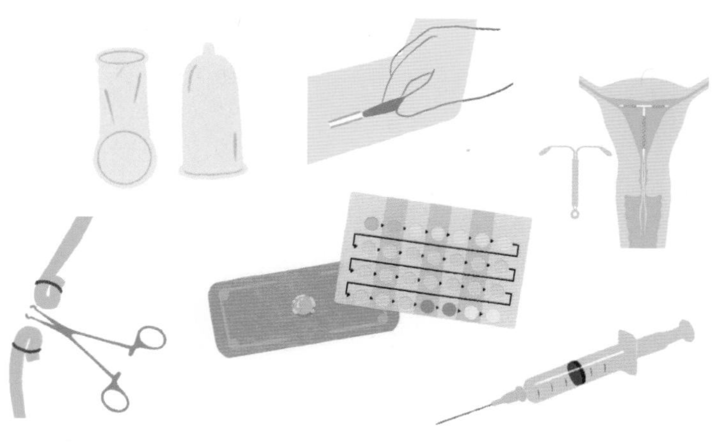

나에게 알맞은 피임법 찾기

질문을 읽고 YES와 NO 중에 하나를 선택해 주세요. 여러분에게 맞는 피임법을 찾을 수 있어요!

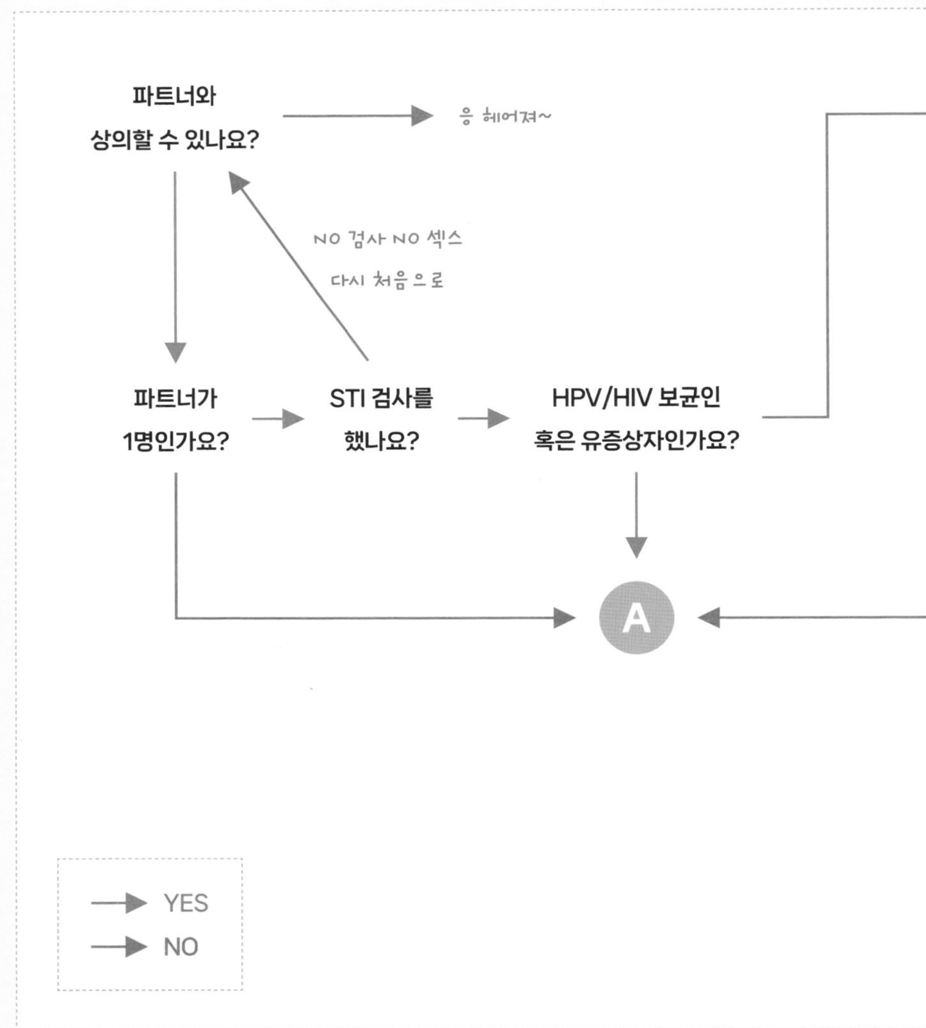

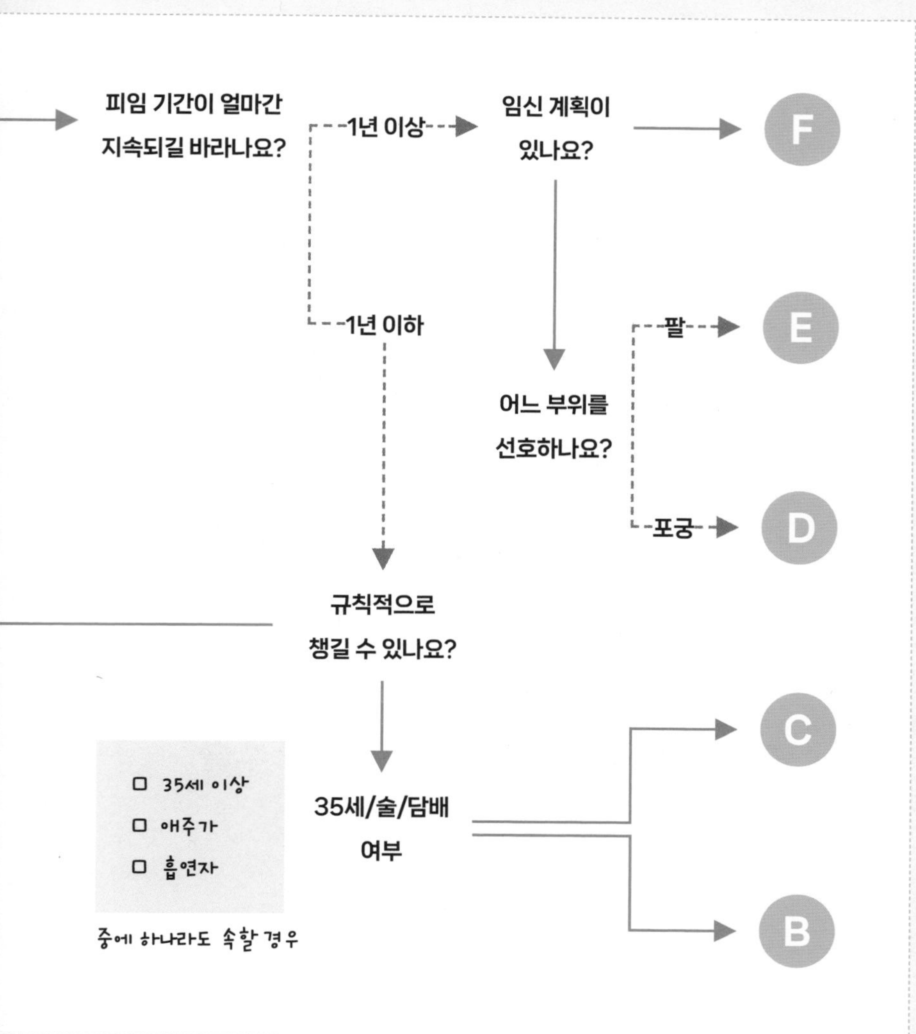
피임 기간이 얼마간
지속되길 바라나요?
1년 이상
임신 계획이
있나요?
F
1년 이하
팔
E
어느 부위를
선호하나요?
포궁
D
규칙적으로
챙길 수 있나요?
C
35세 이상
애주가
흡연자
35세/술/담배
여부
중에 하나라도 속할 경우
B

가장 좋은 방법은 상호 피임(이중 피임)이에요. 추천하는 피임법과 함께 콘돔을 사용해 주세요. 피임 효과와 성전파 질환 예방 효과가 함께 높아질 거예요.

A

콘돔

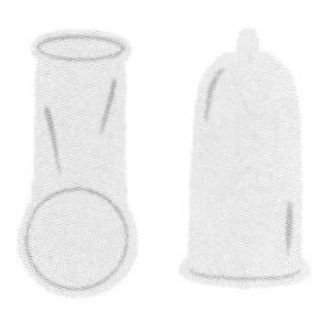

얇은 라텍스(고무)나 폴리우레탄(비닐)으로 된 일회용 피임 기구예요. 남성용 콘돔과 여성용 콘돔(페미돔)이 있어요. 페미돔의 경우 우리나라에서는 판매되지 않아 해외 직구를 통해서만 구입할 수 있어요. 콘돔은 편의점, 드럭스토어, 마트, 약국에서 구입할 수 있어요.

피임률 평균적으로는 82%, 정확히 사용했을 경우에는 98%의 피임 효과가 있어요.

장 점 피임뿐 아니라 성전파 질환을 예방하는 데 탁월해요. 다른 피임 방법에 비해 저렴하고 사용법이 간편해요.

단 점 라텍스에 알레르기가 있는 경우도 있어요. 그럴 경우 폴리우레탄으로 만든 콘돔을 사용하세요. 아보카도, 피망, 바나나, 밤, 감자, 토마토에 알레르기 반응이 있었다면 라텍스 알레르기를 의심해 보세요.

사용법

① 사용 전 유통 기한을 확인해요.

② 콘돔을 아래쪽으로 내린 뒤 봉투를 조심히 뜯어요.

③ 콘돔의 앞뒤를 확인해요. 만약 잘못 착용했다면 새로운 걸 사용하세요.

④ 정액받이를 잡고 1~2회 돌려서 공기를 빼요.

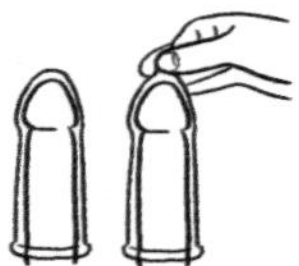

⑤ 발기된 음경에 콘돔을 끝까지 씌워요.

⑥ 사용 후에는 세는 곳이 없는지 당겨 보면서 확인한 뒤 버려요.

B

경구 피임약

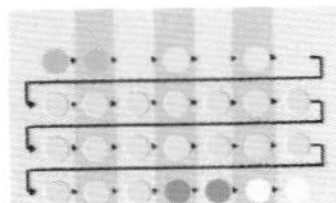

일상생활에 꾸준히 약을 복용해서 호르몬을 조절하는 피임 방법이에요. 피임약을 복용하면 배란이 억제되고 포궁 내막이 얇아져 임신을 어렵게 만들어요. 피임약은 약국에서 구매할 수 있어요.

피임률 복용법을 지켰을 경우에는 99%의 피임 효과가 있어요.

장 점 피임 외에도 월경통, 월경량, 월경 주기를 조절할 수 있어요. 극심한 월경통이나 월경 과다 치료 목적으로 사용되기도 해요.

단 점 사람에 따라 다르지만 두통, 어지러움, 메스꺼움, 유방통, 부정 출혈과 같은 부작용이 나타나기도 해요. 부작용이 지속된다면 병원 상담 후 약을 변경할 수 있어요. 하단에 경구 피임약을 복용하면 안 되는 경우를 확인하세요!

복용법
① 월경 시작일에 처음 복용하세요.
② 매일 같은 시간에 약을 복용해야 해요. 21일 동안 약을 복용하고, 7일간 복용을 멈춰요. 그동안 월경처럼 질 출혈 증상이 나타나요.
③ 출혈 여부와 상관없이 휴약 8일째에 다시 복용을 시작하세요. 28일용 피임약은 휴약기 없이 순서대로 약을 복용하면 돼요.

*피임약 복용 시 술이나 다른 약물을 섭취하면 피임 효과가 줄어들 수 있어요. 다른 약을 함께 복용할 경우 전문의와 상담하세요.

체크리스트
☐ 35세 이상의 흡연가
☐ 반복적으로 심한 두통이나 편두통이 있음
☐ 심각한 간 기능 장애가 있음
☐ 혈관염, 혈전 색전증 혹은 과거력이 있음
☐ 뇌졸중 등 뇌혈관 질환 혹은 과거력이 있음
☐ 심근 경색 등 관상 동맥 질환 혹은 과거력이 있음
☐ 고혈압, 당뇨병, 고지혈증이 혹은 과거력이 있음
☐ 유방암이 의심되거나 유방암이 있음
☐ 진단되지 않은 질 출혈이 있음
☐ 장기간 움직일 수 없는 수술이 예정되어 있음
☐ 임신 중이거나 모유 수유 중이고 분만 후 6주 미만

C

피임 주사

3개월에 1회 피하 지방에 주사를 맞는 피임 방법이에요. 피임 주사는 프로게스틴 성분으로 배란을 억제하고 점액을 끈끈하게 해서 정자가 통과하기 어렵게 해요.

피임률 94%에서 99%의 피임 효과가 있어요.

장 점 아무도 모르게 할 수 있어요. 1년에 총 4번만 주사를 맞으면 피임이 유지되어 간편해요. 에스트로겐이 포함되어 있지 않아서 관련 합병증을 예방할 수 있어요. 흡연자도 시술이 가능해요.

단 점 두통, 체중 증가, 어지러움, 복부 불편감, 불규칙한 출혈 같은 증상이 나타날 수 있어요. 피임 주사 시술을 중단해도 정상 월경 주기로 돌아오는 데 시간이 걸려요.

시술법 여성 병원에서 3개월 간격으로 피하 주사를 맞아요.

D

포궁 내 장치

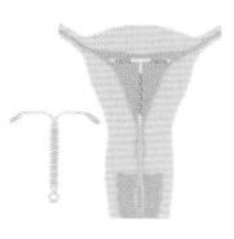

포궁(자궁) 안에 기구를 삽입하는 피임 방법이에요. 기구에서 분비된 호르몬이 포궁 내막을 얇게 만들어 착상을 어렵게 해요. 질병 치료 목적 시술 시 건강 보험이 적용돼요.

피임률 99%의 피임 효과가 있어요.

장 점 1회 시술로 최대 5년간 피임 효과가 유지돼요. 원하면 언제든지 제거할 수 있어요.

단 점 포궁 내부에 삽입하기 때문에 통증이 있을 수 있어요. 거부 반응을 보이는 사람들도 있어요. 부정 출혈, 구토, 체중 증가, 무월경, 피부 트러블, 그리고 유방암의 위험이 증가할 수 있어요.

시술법 ① 여성 병원이나 대학 병원에서 시술을 받을 수 있어요.

② 시술 후 휴식을 취하며 부작용이 있는지 확인해요.

③ 한 달 동안 수영장/목욕탕 이용을 삼가고 성관계를 조심해야 해요.

E

피하 이식형

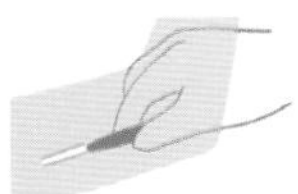

피부 아래에 4cm 정도의 말랑말랑한 플라스틱을 이식하는 피임 방법이에요. 프로게스틴을 분비하여 배란을 막아요. 대표적으로 임플라논이 있어요.

피임률 99%의 피임 효과가 있어요.

장 점 3분 정도의 짧은 시술이 끝나면 약 3년간 피임 효과가 유지돼요. 에스트로겐이 포함되어 있지 않아서 관련 합병증을 예방할 수 있어요. 원하면 언제든지 제거할 수 있으며 바로 임신 준비를 할 수 있어요.

단 점 두통, 어지럼증, 감정 기복, 불규칙한 출혈, 체중 증가 등의 부작용이 나타날 수 있어요. 제거 시 흉터가 남을 수 있어요.

시술법
① 월경을 시작하고 5일 이내에 시술해요.
② 팔 안쪽 피부에 4cm 정도의 플라스틱 장치를 삽입해요.
③ 7일 후부터 피임 효과가 생겨요.

체크 리스트
☐ 임플라논의 모든 구성 요소에 알레르기가 있음
☐ 심각한 혈전, 심장 마비 또는 뇌졸중이 있음
☐ 간 종양 또는 간 질환이 있음
☐ 유방암이 의심되거나 유방암 병력이 있거나 유방암이 있음
☐ 부정 출혈이 있음

*보기 중에 하나라도 해당되면 전문의와 상담하세요.

F

정관/난관 수술

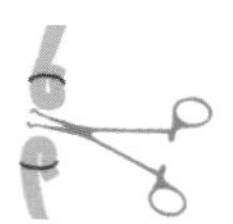

난관 수술은 배란된 난자가 나오는 길인 난관(나팔관)을 차단하는 피임 방법이에요. 마찬가지로 정관 수술은 정소에서 나오는 정관을 차단해요. 정관/난관 불임 수술 모두 영구적인 피임 방법이에요.

피임률 99% 이상의 높은 피임 효과가 있어요.

여 성 전신 마취가 필요해요. 개복하지 않고 복강경 수술로 진행돼요. 사람에 따라 회복 기간의 편차가 크고, 회복이 오래 걸릴 수도 있어요.

남 성 수술 시간이 20분 정도로 짧은 편이고 부분 마취만 해요. 시술 후 12주에 정액 검사를 해서 정자가 발견되지 않아야 피임 효과가 있어요.

응급 피임약

피임에 실패했거나 피임을 할 수 없었을 때 응급 피임약(사후 피임약)을 복용하세요. 경구 피임약과 다르게 응급 피임약은 병원에서 처방받고 약국에서 구매할 수 있어요. 배란과 착상을 방해하는 약물이 함께 들어 있어요.

피임률 24시간 내 복용했을 때 99%의 피임 효과가 있어요.

장 점 피임에 실패했을 때 마지막 수단으로 사용할 수 있어요.

단 점 병원에 방문해 처방받아야 하기 때문에 번거로워요. 복용 후 불규칙한 출혈, 구토, 어지럼증, 복통, 유방통, 근육통, 골반통 등의 부작용이 있을 수 있어요. 경구 피임약보다 가격이 비싸요.

복용법 ① 병원에 방문하여 응급 피임약을 처방받아요. (여성의학과, 내과, 건강가정과 등 가까운 병원을 방문하세요.)

② 성관계 이후 72시간 이내에 먹어야 피임 효과가 있어요.

③ 복용 후 3시간 내에 구토를 했다면 다시 병원을 방문하세요.

*월경 주기 내에 1회만 효과가 있어요. 여러 번 복용할 경우 피임 효과가 낮아져요.

파트너가 비협조적인 경우

파트너와 피임을 합의하기 어렵다면 두 가지 방법을 병행해야 해요. 우선 상호 피임이 불가능할 경우 성전파 질환 확률이 높아져요. 6개월에서 1년 주기로 여성 병원에 방문하여 STI 검사를 받으세요. 혼자 할 수 있는 피임법 중에 피임 주사와 포궁 내 장치를 추천해요. 아무도 모르게 할 수 있어서 부담이 덜할 거예요.

이건 피임법이 아니에요!

사정 직전에 남성의 음경을 빼는 방법을 '체외 사정'이라 말해요. 많은 사람들이 사용하는 방법이지만 사실 질외 사정은 피임법이 아니에요. 남성은 사정 전에 쿠퍼액을 배출하는데, 이때 정자가 함께 나오기도 해요. 그뿐만 아니라 사정 시기를 완벽하게 조절하는 건 거의 불가능해요.

출처 | EBS 까칠남녀

<table>
<tr><th></th><th colspan="2"></th><th>일반적으로 사용했을 때</th><th>완벽하게 사용했을 때</th></tr>
<tr><td rowspan="3">가장 효과적인 방법들</td><td colspan="2">포궁 내 장치(구리, 호르몬)</td><td>99% 이상</td><td>99% 이상</td></tr>
<tr><td colspan="2">임플라논</td><td>99% 이상</td><td>99% 이상</td></tr>
<tr><td colspan="2">정관/난관 수술</td><td>99% 이상</td><td>99% 이상</td></tr>
<tr><td rowspan="2">효과적인 방법들</td><td colspan="2">피임 주사</td><td>94%</td><td>99% 이상</td></tr>
<tr><td colspan="2">피임약</td><td>91%</td><td>99% 이상</td></tr>
<tr><td>효과가 떨어져요</td><td colspan="2">남성 콘돔</td><td>82%</td><td>98%</td></tr>
<tr><td rowspan="5">이것은 피임이 아니다</td><td rowspan="3">자연 주기법</td><td>경관 점액 확인</td><td>76%</td><td rowspan="6"></td></tr>
<tr><td>체온</td><td>76%</td></tr>
<tr><td>배란일 예측법</td><td>76%</td></tr>
<tr><td colspan="2">질외 사정</td><td>78%</td></tr>
<tr><td colspan="2">살정제</td><td>72%</td></tr>
<tr><td colspan="3">아무 피임 안 할 때</td><td>15%</td></tr>
</table>

출처 | 성적권리와 재생산정의를 위한 센터 셰어

성 십자말풀이

지금까지 성적 행동을 할 때 꼭 알아야 하는 이야기를 동의, 섹스, 피임 파트를 통해서 배웠어요. 십자말풀이를 풀어 보면서 정리하는 시간을 가져 보세요! 숫자는 가로, 알파벳은 세로 단어를 의미합니다.

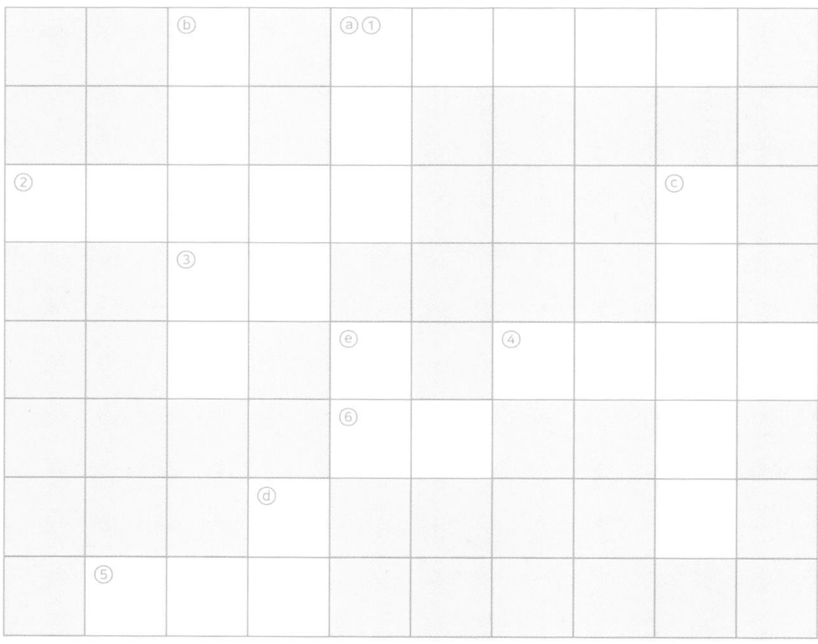

*정답은 책 뒤편 부록에 있습니다.

가로 열쇠

① 성적 접촉을 통해 전파되는 질병을 의미하는 단어예요. 과거에는 성병이라 불렀지만, 최근에는 이 명칭으로 부르고 있어요.

② "성적인 합의를 하기 위해서는 두 사람이 ○○○ ○○여야 해요." 힘의 차이 없이 서로 대등한 사이를 의미해요.

③ 상대에게 의견을 구하는 행위를 의미해요.

④ 한 가지 이상의 방법으로 임신을 피하는 방법을 의미해요. Double Dutch(더블더치)라고도 해요. 혼자 피임을 하는 것이 아닌, 두 사람이 함께하는 것을 의미해요.

⑤ 얇은 고무로 만든 피임 기구로 여성의 질 내에 착용해요.

⑥ 성적 행동은 나의 몸과 마음을 타인과 깊이 공유하는 행위이므로 몸과 마음의 ○○을 보장하는 방법을 알아야 해요. 위험이 생기거나 사고가 날 염려가 없는 상태를 의미해요.

세로 열쇠

ⓐ 다른 사람과 내 몸을 공유하고 교감하는 방법이에요. 사랑을 표현하는 방식 중 하나이기도 해요.

ⓑ 어떠한 제안을 했을 때 애매한 대답이 아니라 상대방의 의사를 명확하게 알 수 있는 대답을 들어야 해요. 만약 상대가 웃기만 하거나, 대답이 없다면 그건 동의가 아니죠. 성적 행동에서는 ○○○ ○○가 필요해요.

ⓒ 피임을 미처 준비하지 못했거나 실패했을 때 사용하는 피임 방법이에요. 성관계 이후 12시간에서 72시간 내에 복용해야 효과가 있어요.

ⓓ 얇은 고무로 만든 피임 기구로 남성의 음경에 씌워 정자의 움직임을 막아요.

ⓔ "가장 만족스러운 섹스는 ○○이 없을 때 가능해요." 마음이 편하지 않고 조마조마한 상태를 의미해요.

5

성 건강

슬기로운 성 건강

여성 남성 건강

성전파 질환

나에게 주치의 선물하기

여성 병원(산부인과)이나 비뇨의학과(비뇨기과)에 가 본 적이 있나요? 이차 성징이 오고 성기에 변화가 생겼다면 지금부터는 관련 병원에 주기적으로 갈 필요가 있어요. 그뿐만 아니라 성관계를 경험했다면 6개월에서 1년마다 정기 검진을 받아야 해요. 그렇다면 나에게 알맞은 병원은 어떤 곳일지 함께 알아볼까요?

- □ 나의 이동 동선에 가까운 위치에 있나요?
- □ 나의 여유 시간에 진료를 하나요?
- □ 내가 선호하는 의사의 성별은 무엇인가요?
- □ 어떤 진료를 우선시하는 곳인가요? 여성 병원(산부인과)에서 산과를 중심으로 이루어진 곳은 산모가 주된 환자예요. 그럴 경우 예약이 어려울 수도 있어요.
- □ 환자의 권리를 보장하고 있나요? 환자에게 질병에 대해 충분히 설명해 주고 있는지, 과도하게 많은 검사를 추천하거나 요구하고 있지는 않은지 알아봐야 해요. 포털 사이트나 커뮤니티에서 병원 방문 후기를 참고하면 도움이 돼요!

나를 위한 병원 찾기

병원 이름	진료 시간	이동 동선	의사 성별	
라라 여성 병원	10시~19시	집에서 10분 거리	남1 여1	
라라 비뇨의학과	9시~19시	회사에서 5분 거리	남	

한줄평	기타
산과 진료 위주여서 예약이 많고 대기 시간이 길다는 평이 있다.	일회용 질경 사용
의사와 간호사가 모두 남성이다. 병원 평점이 높다.	남자 간호사

병원에 가면 생기는 일

여성 병원이나 비뇨의학과를 방문하기 전에, 병원에서 어떤 일들이 일어날지 미리 알고 있다면 당황스럽지 않을 거예요. 병원에 가기 전에 알아야 할 내용을 정리해 봤어요.

● 무슨 일로 방문하셨나요?

내과나 가정의학과를 방문해도 같은 질문을 들을 거예요. 이 질문은 방문 목적을 알기 위함이에요. 여러분이 불편한 사항, 몸에 이상이 있는 부분을 간략하게 말하세요. 자세한 내용은 문진표에 적거나 상담 때 얘기할 수 있어요.

● 병원에서 질문하는 것들

병원마다 다르지만 문진표를 주거나 간호사나 의사가 직접 물어보기도 해요. 여성의 경우 "마지막 월경 시작일이 언제인가요?", "성관계 경험이 있나요?"와 같은 질문을 해요. 많은 사람들이 이 질문에 답하기 곤란해해요. 이유를 알면 답하기 수월해질 거예요. 월경 시작일을 묻는 이유는 임신 가능성, 월경 주기 등을 알기 위함이에요. 성관계 경험을 묻는 이유는 초음파 검사를 할 때 방식이 달라지기 때문이에요.

● 면담 중에 일어나는 일

진료실에 들어가면 담당 의사가 여러분에게 불편한 사항을 확인할 거예요. 여러분이 경험한 일, 몸 상태, 걱정을 최대한 자세히 말하세요. 그 이후 필요에 따라 검사를 하게 됩니다. 어떤 검사를 하는지, 왜 하는지 의사는 환자에게 설명할 의무가 있어요. 검사와 진료가 끝나면 의사 소견을 듣게 될 거예요. 무엇이 문제인지, 어떤 질병이 의심되는지, 치료법과 주의 사항을 알려 줄 거예요.

초음파 방식

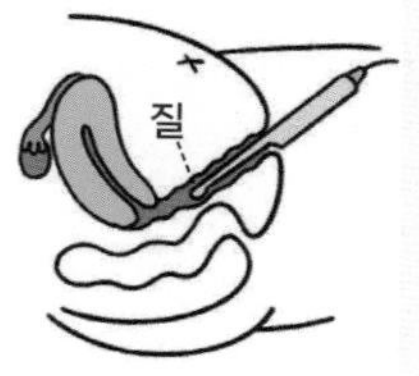

질 초음파

길쭉하게 생긴 탐촉자를 질 속에 넣어 내부 성기를 살펴보는 방식이에요. 해상도가 높아서 포궁 내막, 난소, 난관이 잘 보여요.

Q. 월경 중에도 질 초음파를 할 수 있나요?

A. 충분히 가능합니다. 일부 질병은 월경 중 검사가 더 정확할 수 있습니다.

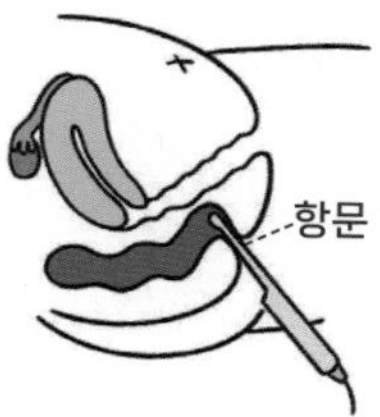

항문 초음파

탐촉자를 항문에 삽입하는 방식이에요. 성관계 경험이 없는 경우에 사용해요. 질 초음파와 비슷한 결과를 보여 줍니다.

Q. 처녀막 때문에 질 초음파를 못 하나요?

A. 아니에요! 삽입 성교 경험이 없을 경우 질이 긴장할 수 있기에 항문 초음파를 추천합니다. 만약 항문보다 질 초음파를 선호한다면 접수할 때 말해 주세요.

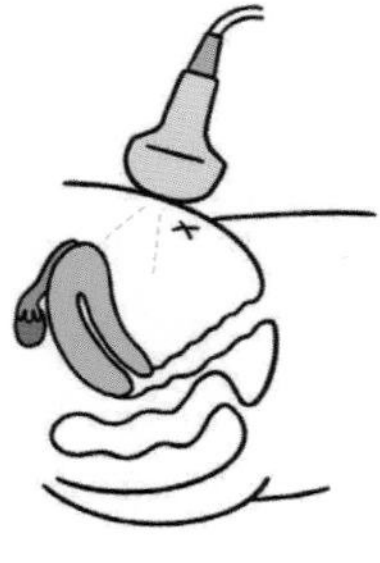

복부 초음파

둥글고 볼록한 탐촉자를 복부에 밀착해서 사용하는 방식이에요. 별다른 통증이나 불편은 없으나 질 초음파에 비해 해상도가 낮아요. 포궁이 부풀어 있는 임산부의 경우에만 사용해요.

환자의 권리

환자에게는 다양한 권리가 있어요. 많은 사람들이 민망하다는 이유로 환자의 권리를 보장받지 못하고 급하게 병원을 나오기도 해요. 그러다 보면 충분한 정보를 얻지 못하게 돼요. 지금부터 우리에게는 어떤 권리가 있는지 알아보고, 병원에 방문했을 때 실천해 보도록 해요!

● 정확한 정보를 알 권리

나에게 필요한 검사와 그 검사를 받는 이유를 알 권리가 있어요. 검사 결과에 대해 충분히 설명을 들을 권리가 있고, 이해가 되지 않았을 때는 다시 묻고 설명을 들을 권리가 있어요. 의사는 환자의 상태를 설명할 의무가 있어요.

● 질문할 권리

어떻게 하면 예방이 가능한지, 앞으로 일상생활에서 바뀌어야 하는 건 무엇인지 등 나의 성 건강과 관련해 궁금한 것들을 물어볼 수 있어요. 만약 설명을 듣고도 불안하거나 고민되는 점이 있다면 더 질문하세요.

● 선택할 권리

낯선 장소, '성'이라는 불편한 키워드 때문에 병원에서 어리둥절해지기 쉽죠. 병원은 자신의 건강을 위한 장소예요. 그렇기 때문에 충분히 생각하고 선택할 수 있어야 해요.

□ 의료 보험 적용 여부를 선택할 수 있어요.

□ 성전파 질환(STI) 검사 6종/12종 중 선택할 수 있어요. 나의 상태와 의심되는 질병에 따라 의사가 추천해 줄 수 있어요.

□ 병원에서 사용하는 물품 중 일회용/다회용 중 선택할 수 있는 제품들이 있어요. 대표적으로 여성 병원에서 질경과 치마는 일회용/다회용 중 선택하게 되어 있어요. 별도의 설명이 없다면 여러분이 먼저 물어봐도 좋아요!

지켜야 할 의무

환자로서 지켜야 할 의무도 있어요. 진료 후 의사가 설명한 대로 이행해야 해요.

- 처방받은 약을 먹을 때는 마지막 날까지 먹어요.
- 치료 기간 동안 피해야 하는 음식이나 행동 수칙을 지켜 주세요.
- 의사가 "며칠 뒤에 다시 오세요."라고 했을 경우에는 꼭 다시 방문하세요. 질병에 따라 다르지만 경과를 살펴보고 재검사가 필요한 경우도 있어요.

분비물로 확인하는 성 건강

사춘기 무렵 성기에서 분비물이 배출되는 경험을 해 봤을 거예요. 질 분비물이나 정액은 몸의 변화를 알아차릴 수 있는 척도예요. 여자 청소년의 경우, 속옷에 냉이 묻었다면 6~12개월 뒤에 월경을 시작하게 될 거예요. 남자 청소년은 정자를 만들게 되면서 몽정이나 유정, 사정을 하게 돼요. 냉이나 정액의 색, 생김새, 점성, 냄새 등을 관찰하면 성 건강을 확인할 수 있어요.

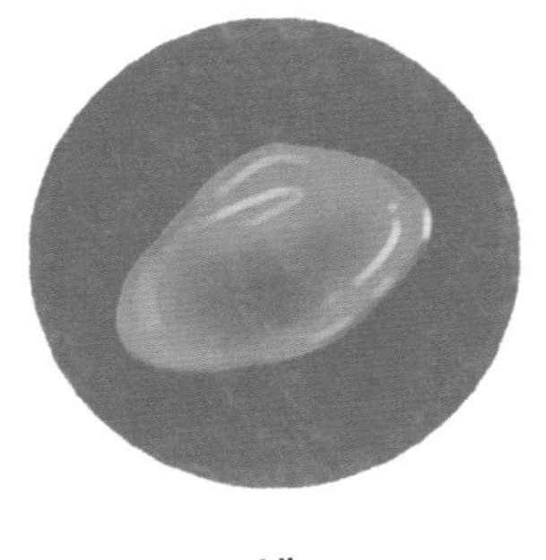

냉

투명한 색

달걀 흰자처럼 미끈

시큼한 냄새

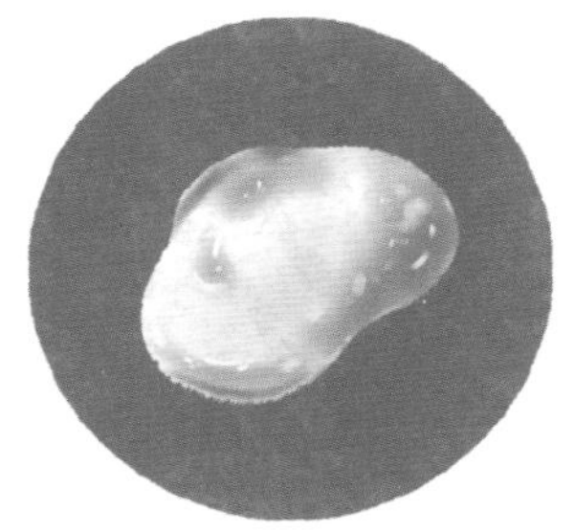

정액

불투명한 색

젤리처럼 끈적

비릿한 밤꽃 냄새

내 몸을 지키는 냉!

냉은 내부 성기와 외부 성기를 연결해 주는 질을 보호하는 역할을 해요. 질 점막은 질 내부 환경을 축축하고 산성으로 유지하기 위해 냉을 분비하는 거죠. 눈이나 코, 입을 생각해 보세요. 점막이 있는 곳은 건조하면 뻑뻑하고 통증이 생겨요. 그래서 눈물이나 콧물, 침이 배출되는 거죠. 질도 같은 이유로 질 분비물인 냉을 배출해요. 하루에 약 1~4밀리리터 정도가 분비돼요.

냉 색깔로 보는 건강 상태

정상

투명한 냉

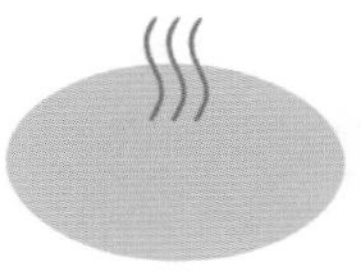
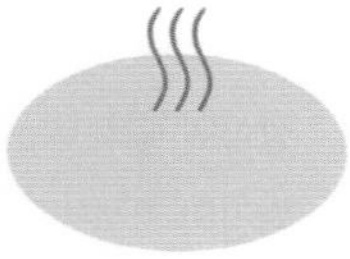

세균성 질염

회색/노란색 냉, 악취 발생

칸디다 질염

치즈나 두부를 으깬 듯한 덩어리 냉

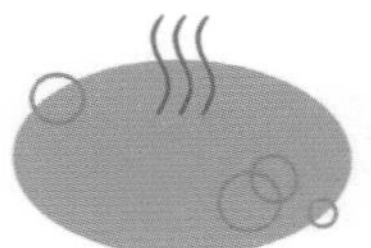
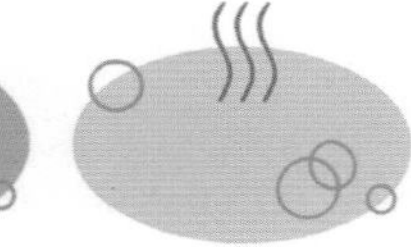

트리코노마스증

거품이 섞인 녹색/담황색 냉, 악취 발생

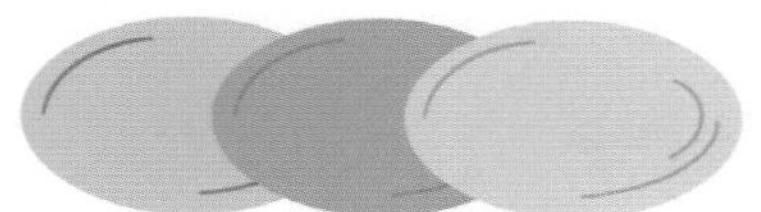

성전파 질환

걸쭉한 회색/녹색/노란색 냉

배란기, 임신 초기

갈색 냉

여성 건강을 위한 체크 리스트

- 성기는 물로만 씻어요! 여성 청결제, 질 세정제는 사용하지 않아요.
- 데오도란트나 향수를 사용하지 않아요.
- 통풍이 잘되는 속옷을 입어요. (레이스 NO, 나일론 NO)
- 가렵거나 통증이 있을 때는 병원을 방문하세요.

Q&A

Q. 냉이 끈적끈적할 때도 있고, 물처럼 나올 때도 있어요.

A. 정상이에요. 냉은 월경 주기에 따라 점성이 달라져요. 배란기에는 달걀 흰자처럼 미끈하고, 월경이 가까워지면 끈적한 상태가 되죠. 월경이 지날 즈음에는 다시 건조해져요.

Q. 냉에서 시큼한 냄새가 나요.

A. 질 내부는 약산성(pH 3.5~4.5)이면서 유산균(젖산균)이 있기 때문에 시큼한 냄새나 맛이 나요. 만약 냉에서 생선 비린내나 악취가 난다면 병원에 방문해 보세요.

Q. 냉 색이 노란색이에요.

A. 보통 냉은 투명해요. 간혹 소변이 묻어서 노란색을 띠거나 월경 전후로 갈색빛을 보이기도 해요. 만약 냉 색이 노랗거나 누런색이라면 질염을 의심해 봐야 해요.

여성 청결제 고르는 법

- 여성 청결제는 의약품이 아니라 화장품으로 구분돼요.
- '질염 예방, 항균, 항염, 질 내 산도 조절' 같은 문구는 허위/과대광고예요.
- 음순(외음부)은 약산성(pH 5.3~5.6)을 유지해야 해요. 약산성 제품인지 확인하세요.
- 향이 있는 제품은 사용하지 마세요.

주의: 질 내부는 씻어 낼 필요가 없어요. 질 세정제를 사용할 경우, 질 내 산도를 무너뜨려서 세균성 질염, 성전파 질환, 또는 골반염에 노출될 확률이 높아져요. '질 세정', '질 세척'은 잘못된 말이에요.

여성 청결제(외음부 세정제)를 꼭 사용할 필요는 없어요.
질염에 걸렸을 때만 주 2~3회 정도 사용해요.

정액에 대한 모든 것

역할

정자 보호, 영양분 공급

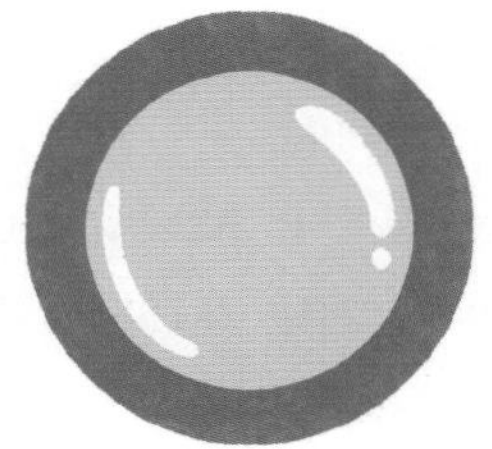

색깔

불투명한 유백색

냄새

비릿한 밤꽃 냄새

2~5cc

양

2~5cc

산도

pH 7~8 정도의 약염기성

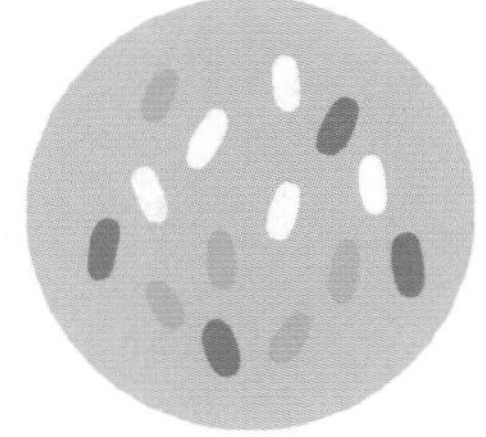

성분

단백질, 프룩토오스, 프로스타글란딘, 아연, 마그네슘, 아미노산, 비타민 C, 구연산염, 정자 등

•고환 2%
•전립선 20%
•정낭 70%

어디서 만들어지나요?

정낭 70%, 전립선 20%, 고환 2%

남성 건강을 위한 체크 리스트

- 성기는 물로만 씻어요! 비누는 사용하지 않아요.
- 통풍이 잘되는 속옷을 입어요.
- 요도에서 정액 외에 노란 분비물이 나온다면 당장 병원에 가야 해요.
- 정액에 검정 실타래가 보이거나 검붉은 색이 있다면 혈정액이에요.
- 성생활을 하는데도 몽정과 유정을 자주 한다면 병원을 방문하세요.

『질의 응답』 | 니나 브로크만 | 열린책들

<피의 연대기>

<MBC 충북 특집 다큐멘터리 아이엠비너스>

유튜브 '알성달성'

월경 어플 'CLUE'

Q&A

Q. 자위를 할 때 정액이 젤리처럼 나와요.

A. 사정 직후 정액은 응고되어 있어서 젤리 같은 덩어리 형태예요. 약 30분 정도 시간이 지나면 액체로 변하게 돼요. 또 정액을 자세히 보면 실처럼 보이는 조직이 있어요. 이상 현상이 아니니 걱정하지 않아도 돼요.

Q. 정액 색이 노란색이에요.

A. 정액의 경우 생성 후 배출까지 사람마다 소요되는 시간이 달라요. 그러다 보니 투명한 회색빛이나 노란빛일 때가 있어요. 정상이니 걱정하지 않아도 돼요. 만약 뿌옇거나 고름같이 나오는 노란색이라면 병원에 내원해야 해요.

Q. 정액에 피가 섞여 나와요.

A. 너무 당황하지 않아도 돼요. 혈정액은 코피가 나듯이 정낭의 혈관이 팽창하면서 출혈이 생긴 경우가 대다수예요. 성적인 자극이 생기면 발기를 하고 정낭도 부풀게 돼요. 정낭에는 혈관이 많다 보니 때때로 출혈이 생기기도 하죠. 만약 혈정액이 자주 보인다면 검진이 필요해요. 정낭염이나 전립선염, 전립선암, 고환암의 가능성도 있어요. 비뇨의학과에 방문하면 STI검사, 전립선 염증 검사, 세균 유전자 검사를 해요.

Q. 정액의 양이 줄어들었어요.

A. 정자와 정액은 몸에서 만들어내는 과정이 필요해요. 이전에 정액을 자주 배출했다면 양이 줄어들 수 있어요. 간혹 정액의 일부가 방광으로 흘러가는 역행성 사정이 나타날 수도 있지만 건강상 문제는 없어요. 정관 불임 수술을 하고 정액 양이 줄었다고 고민하는 분들도 있어요. 그런데 정자가 정액에서 차지하는 비중은 극히 일부여서 정액 양에 차이를 주진 않아요.

여성 남성 건강

세상의 절반이 경험하는 일

40년 단짝 월경

평균적으로 초경 이후 약 40년간 월경을 해요. 한 달에 한 번, 5일 동안 월경을 한다고 계산해 보면 약 6년 6개월 동안 피를 내보내야 하는 거죠. 피할 수 없는 일이기에 월경과 친해질 방법을 찾아야 해요.

월경은 일정 주기 동안 포궁 내막이 피와 영양소로 두꺼워지다가 몸 밖으로 배출되는 현상을 말해요. 배란기 때 난자는 난소에서 난관으로 이동해요. 하루 정도 지내다가 포궁 내벽에 흡수되고, 월경 주기에 몸 밖으로 배출돼요.

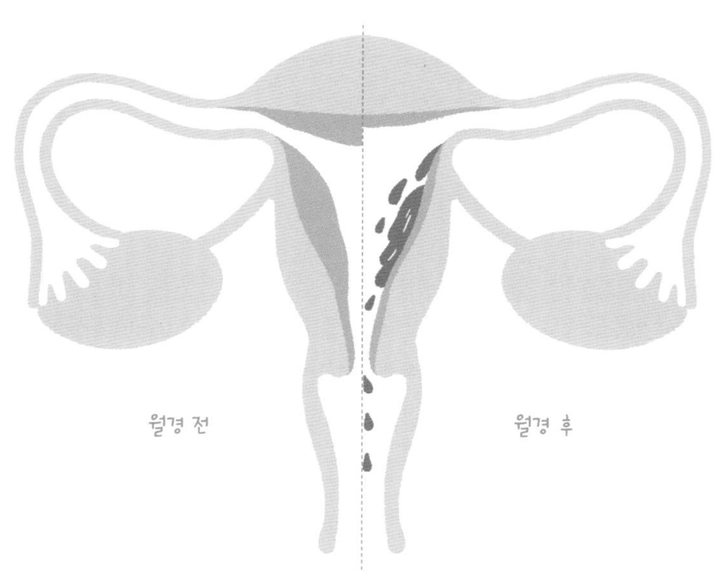

월경 건강 체크해 보기

월경은 여성의 건강을 확인할 수 있는 방법이에요. 월경 주기가 변하거나 월경통, 월경 전 증후군이 심해진다면 몸이 힘들다고 말하는 것일 수도 있어요.

- □ 월경 주기가 7일 이상 앞당겨지거나 늦어질 정도로 불규칙하다.
- □ 월경 주기가 21일보다 짧다.
- □ 월경 주기가 35일보다 길다.
- □ 월경 기간이 7일보다 길다.
- □ 월경혈의 양이 많아서 한 시간에 한 번꼴로 월경대를 갈아야 한다.
- □ 월경혈의 양이 많거나 월경 기간이 길다. 혹은 반대인 경우.
- □ 월경혈에서 이상한 냄새가 난다.
- □ 월경 기간이 아닌데 출혈이 있다.
- □ 월경혈에 핏덩이가 섞여 나온다.
- □ 월경통이 심해서 일상생활이 불가능하다.
- □ 월경 기간 내내 월경통이 있다.

위 항목 중 5개 이상 해당한다면 병원에 방문하세요.

나의 월경 트래커 만들기

월경을 시작한 날부터 다음 월경 시작일까지를 월경 주기라 해요. 최소 3개월에서 6개월간의 월경 주기의 평균을 내 보세요.

예)

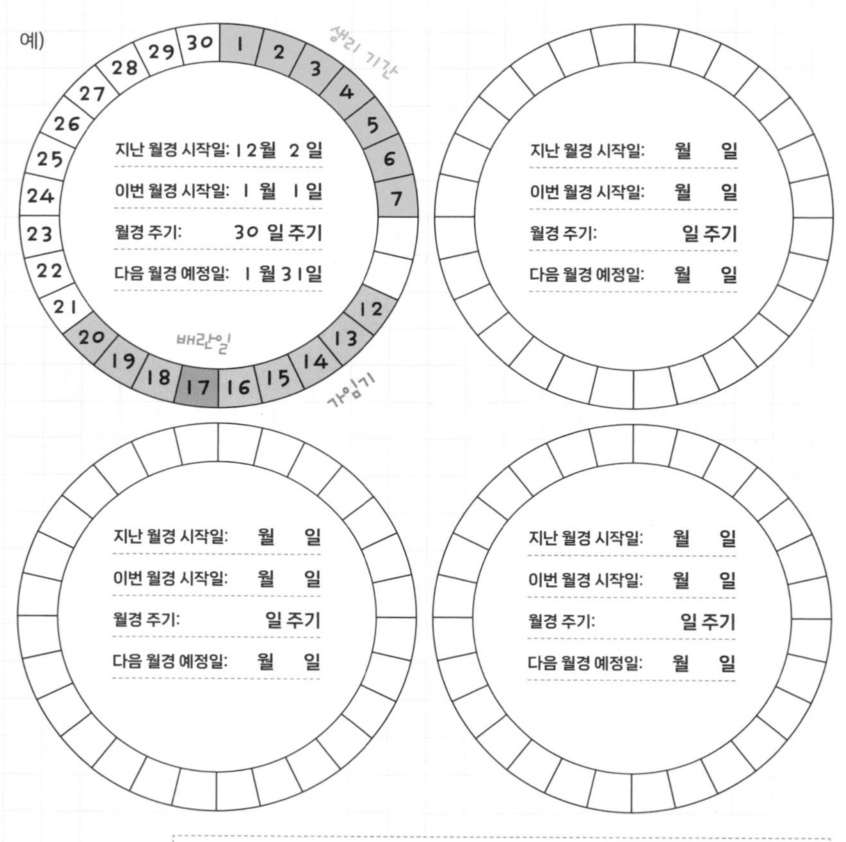

가임기와 배란일 계산하기

월경 예정일을 기준으로 -14일을 하면 배란일이에요.

배란일을 기준으로 -5일, +3일을 한 주간이 가임 기간이에요.

월경 지수 계산하기

표에 한 주기 동안 사용한 생리대나 탐폰의 총 개수를 세어 보세요. 월경 지수가 180점을 넘는다면 월경 과다, 200점을 넘는다면 빈혈 검사를 받아 보세요.

월경 시작일:

점수	생리대(중형)	1일차	2일차	3일차	4일차	5일차	6일차	7일차	8일차
1									
5									
20									
	탐폰								
1									
5									
10									
1	작은 핏덩어리								
5	큰 핏덩어리								
합계(점수x개수)									

총합계(월경 지수):

월경 불순

구분	특징	가능성 및 증상
희발 월경	주기 36일 이상	다낭성 난소 증후군, 과로, 비만, 스트레스
빈발 월경	주기 24일 이내	호르몬 이상이나 포궁의 기질적 이상 의심
과소 월경	월경 일수 2일 이내	난소의 기능 저하 의심, 무배란, 자궁 위축
과다 월경	월경 일수 7일 이상	난소의 기능 이상 의심, 자궁 근종, 자궁 내막증
무월경	월경이 없음	자궁 내 응혈 의심, 내분비 장애, 허약

월경 불순의 원인은 다양해요. 스트레스나 우울증, 다이어트, 저체중, 식이 장애, 호르몬 불균형 등으로 나타날 수 있죠. 월경 불순으로 병원에 방문하면 기본적으로 호르몬 검사나 포궁과 난소에 문제가 없는지 검사를 할 거예요. 필요에 따라 먹는 경구 피임약을 통해 치료를 할 수도 있어요. 월경 불순은 누구에게나 일어날 수 있는 일이니 너무 걱정하지 마세요.

월경 전 증후군

월경 전 증후군(PMS; Pre-Menstrual Syndrome)이란 월경 2주 내지 1주 정도 전부터 일어나 월경 시작과 함께 사라지는 일련의 신체적·정신적 증상을 뜻해요. 대표적으로 두통, 팽만감, 과민성, 요통, 관절통, 근육통, 수면 장애, 소화 문제 등이 있어요.

① 월경 전 5일 동안 생긴 증상
② 월경 시작 후 4일 이내 사라진 증상
③ 3번의 월경 주기에서 반복적으로 나타난 증상

출처 | 미국 산부인과 학회

월경 전 증후군을 확인하기 위해서는 3개월 이상 월경과 관련한 신체적·심리적 상태를 기록해 보고 비교해야 해요. 그달에 학교나 직장에서 스트레스를 받거나, 패스트푸드를 많이 먹거나, 과음이나 과로를 했다면 PMS와 상관없이 유사한 증상이 나타날 수 있어요. 만약 월경 전 증후군이 의심된다면 여성 병원에 방문해서 상담해 보세요.

PMS를 완화하는 5가지 방법

PMS를 해결하는 가장 좋은 방법은 개인이 가진 고유한 패턴을 확인하여 솔루션을 적용해 보는 거예요. 사람마다 효과가 있는 방법이 다를 수 있어요.

● 균형 잡힌 식단

비타민 B, 비타민 D, 칼슘이 포함된 식단이 PMS 위험을 줄일 수 있다고 해요. 여러분이 먹은 음식의 사진을 찍거나 기록해 충분한 영양소를 섭취하고 있는지 확인하세요.

● 정기적인 운동

운동은 균형 잡힌 삶을 만드는 중요한 요소예요. 연구 결과 규칙적인 운동은 월경 전 두통, 유방 부기, 메스꺼움, 변비, 설사, 팽만감, 구토에 도움이 돼요.

● 마음 챙김

스트레스는 PMS를 악화시키는 요소예요. 요가, 명상, 글쓰기 등 자신의 마음을 돌볼 수 있는 다양한 활동을 해 보세요.

● 마그네슘 보충

마그네슘이 부족하면 불안, 우울증, 과민성 및 근육 약화가 발생할 수 있어요. 마그네슘 보충으로 두통, 팽만감, 과민성과 같은 PMS 증상을 완화시킬 수 있어요. 일부 월경통 진통제에는 마그네슘이 포함되어 PMS에 효과적이에요. (대표적으로 '그날엔큐'가 있어요. 약 복용은 전문의와 상담하세요.)

● 일상 챙김

사람이 감정을 느끼는 건 자연스러운 일이에요. 감정 변화를 PMS와 연관시키기 전에 전반적인 일상이 괜찮은지 확인해 주세요. 삶의 균형이 무너졌거나 스트레스 또는 건강 문제일 수 있어요.

월경통 정확히 알기

월경통은 사람마다 증상, 강도, 시기가 달라요. 월경통을 관찰하면 보이지 않는 내부 성기 건강을 확인할 수 있어요. 월경통은 원발성과 속발성으로 구분돼요. 건강한 사람도 월경통을 경험하는데, 주로 원발성 월경통이에요. 만약 속발성 월경통 증상이 있다면 꼭 병원에서 검진을 받으세요.

특징	원발성	속발성
기간	월경 시작 전날~월경 2일차	월경 전, 후, 월경 전체 기간
원인	포궁의 수축 운동	포궁 내 질환 의심 *속발성 월경통의 경우 자궁 선근종, 자궁 근종, 자궁 내막증, 골반염, 난관염 등을 의심해 봐야 해요.
통증	허리, 복부	골반, 하복부
치료 및 완화 방법	진통제 복용, 휴식, 따뜻한 몸	전문의 상담 후 치료

월경통 증상

월경을 하는 여성의 70~80%가 월경통을 경험해요. 여러분은 월경 중에 어떤 변화를 경험하나요?

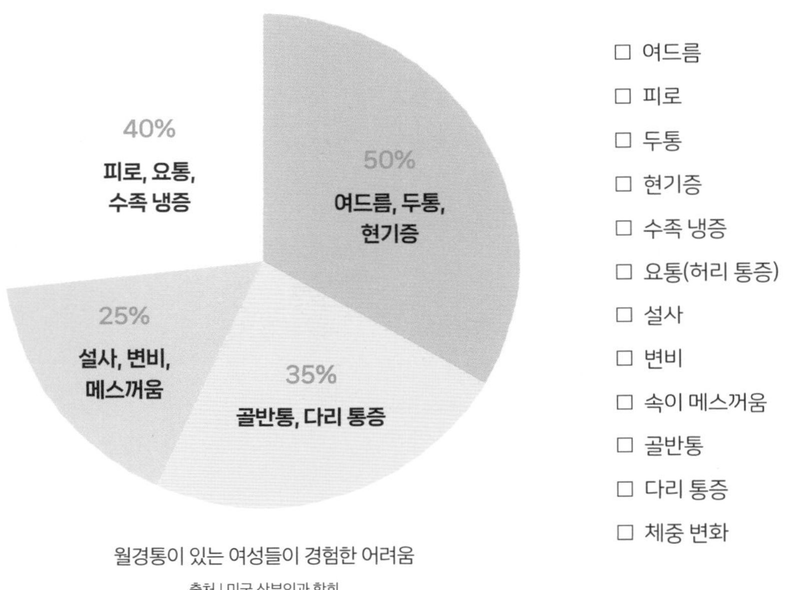

월경통이 있는 여성들이 경험한 어려움

출처 | 미국 산부인과 학회

질병에 따른 흔한 증상

- 다낭성 난소 증후군: 여드름, 과도한 모발 성장, 체중 증가, 불규칙한 주기
- 갑상선 질환: 만성 골반통, 수족 냉증, 급격한 체중 변화
- 자궁 내막증: 만성 골반통, 피로, 고통스러운 배변
- 당뇨병: 두통, 현기증, 여드름, 체중 증가

일상에서 만들 수 있는 변화

월경통과 월경 전 증후군을 완화시킬 수 있는 방법이 있어요. 생활 습관을 바꾸면 그 달의 월경이 편해져요.

✓ 태아 자세로 휴식하기
✓ 배를 따뜻하게 하기
✓ 비타민 D, 칼슘, 마그네슘 섭취하기
✓ 진통제 먹기
✓ 초콜릿, 카페인, 알코올, 인스턴트 섭취 줄이기
✓ 평소 스트레칭 자주 하기
✓ 유산소 운동하기

월경 기간에 운동과 마사지를 하는 건 좋지 않아요.
월경에는 휴식이 가장 좋고, 움직이고 싶다면 간단한 스트레칭 정도가 좋아요.

월경통이 심할 때는 진통제를 복용하세요.
내성이 걱정된다면 카페인이 포함된 약을 피하면 돼요.

진통제

약국에서 처방전 없이 구매할 수 있는 진통제는 두 가지로 구분돼요. 아세트아미노펜(Acetaminophen)과 비스테로이드성 소염 진통제(NSAIDs)예요. 월경통에는 소염 진통제를 추천해요. 자신의 월경통에 알맞은 제품을 사용하세요.

구분	아세트아미노펜	NSAIDs
효과	진통, 해열	소염, 진통
단점	간 부담 애주가의 경우 비추천	위 부담 공복에 비추천
성분 종류	아세트아미노펜	이부프로펜, 덱시부프로펜, 아스피린, 나프록센

● **약은 언제 먹으면 좋나요?**

월경통이 있기 전에 복용하세요. 월경통이 생긴 뒤 복용하면 약효가 날 때까지 통증이 있어요.

● **효과가 빠르게 나타났으면 해요.**

액상 캡슐이나 시럽 형태의 약이 흡수가 빨라요. 약사에게 상태를 설명하고 추천받아도 좋아요.

● **효과가 오래갔으면 해요.**

포장지에 '서방정' 또는 '이알(ER; Extended Release)'이라고 적힌 제품을 추천해요. 다른 약에 비해 1.5~2배 정도 효과가 오래가요.

통증별 추천 진통제

월경통	제품명	성분
허리 통증	이지엔	덱시부프로펜
부종, 유방통	이지엔6이브	이부프로펜
	펜잘 레이디	이부프로펜
	우먼스 타이레놀	아세트아미노펜
복통	그날엔	이부프로펜, 카페인
설사	부스코판 플러스	아세트아미노펜
두통, 미열	게보린	아세트아미노펜, 카페인
위장 보호	이지엔6프로	덱시부프로펜
	펜잘 레이디	이부프로펜
심한 통증	이지엔6스트롱	나프록센

사람마다 월경통에 효과적인 약이 다를 수 있어요. 위 내용은 참고만 해 주세요.

진통 효과가 강한 순서

아세트아미노펜 < 이부프로펜 < 덱시부프로펜 < 나프록센

나를 위한 월경용품

월경용품을 고를 때에도 나에게 가장 좋은 것을 선택하세요. 다양한 월경용품은 각각의 장단점을 가지고 있어요. 나에게 알맞은 월경용품을 사용하면 월경 기간이 편해져요. 간단한 질문을 통해 월경용품을 추천해 볼게요.

다음 표를 보고 질문에 대한 답변을 색칠된 칸에 O, X로 해 주세요.

질문	A	B	C	D
쉽게 구매할 수 있었으면 한다.				
월경통이 심한 편이다.				
환경 보호를 위해 번거로움을 감내할 수 있다.				
화학 성분이 몸에 미칠 영향이 염려된다.				
월경 시 굴 낳는 느낌을 없애고 싶다.				
빨래를 싫어한다.				
활동성이 중요하다.				
질 내 삽입형도 괜찮다.				
월경량의 편차가 크다.				
월경을 미리 준비하는 편이 아니다.				
손톱을 기르거나 네일 아트 하는 것을 좋아한다.				
월경혈 냄새에 예민한 편이다.				
한 번에 큰 지출이 어렵다.				
월경용품 교체 주기를 잘 모르겠다.				
O의 개수				
나의 유형은?	A와 B 중 O의 개수가 많은 것		C와 D 중 O의 개수가 많은 것	

결과를 보고 자신에게 어떤 조합이 잘 맞는지 참고하세요.

예) B-C (다회용 삽입형 월경대), A-D (일회용 부착형 월경대)

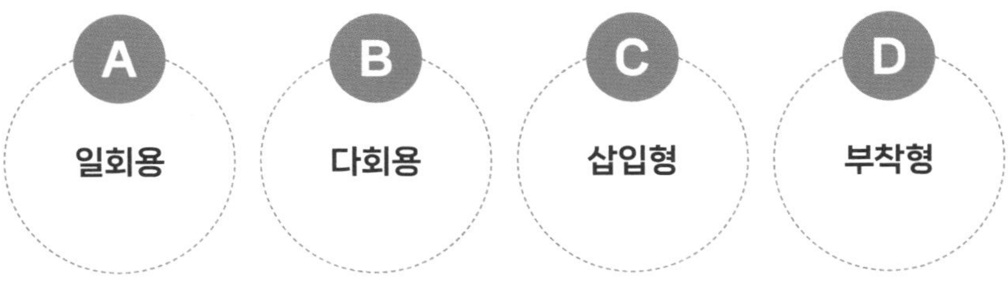

장점	- 손쉽게 구매할 수 있다. - 착용법이 간편하고 버리기 쉽다. - 다양한 브랜드와 제품이 있어서 개인의 취향에 맞출 수 있다.	**일회용 월경대** **(부착형 일회용 월경용품)**
단점	- 화학 처리가 되어 있어 성기 건강에 좋지 않다. - 일회용 쓰레기가 많아진다. - 4시간 이상 착용하면 안 된다.	
장점	- 한 번 구매하면 3~5년간 사용한다. - 면으로 만들어져 성기 건강에 좋다. - 외부에서 재착용하기 편리하다. - 다회용으로 환경 보호에 도움이 된다.	방수 **면 월경대** **(부착형 다회용 월경용품)**
단점	- 초기 비용이 비싸다. - 사용한 월경대를 수거해야 한다. - 찬물로 초벌 빨래 후 손빨래를 해야 하는 점이 번거롭다.	

구분	내용	제품
장점	- 손쉽게 구매할 수 있다. - 운동, 수영할 때 착용할 수 있다. - 활동성이 좋아서 움직이기 편하다. - 최대 8시간 착용 가능하다.	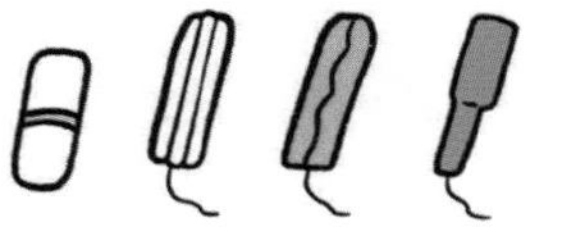 **탐폰 (삽입형 일회용 월경용품)**
단점	- 화학 처리가 되어 있어 개인에 따라 거부 반응이 나타날 수 있다. - 일회용 쓰레기가 많아진다. - 처음 착용할 때 방법이 낯설다.	
장점	- 한 번 구매하면 3~5년간 사용한다. - 의료용 실리콘으로 제작되었다. - 활동성이 좋아서 움직이기 편하다. - 수면 시 착용할 수 있다. (최대 12시간)	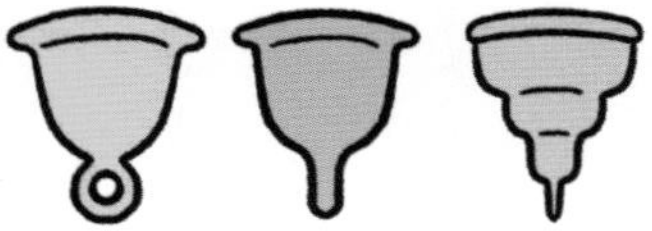 **월경컵 (삽입형 다회용 월경용품)**
단점	- 초기 비용이 비싸다. - 처음 착용할 때 방법이 낯설다. - 적응 기간이 필요하다. - 외부에서 재착용하기 번거롭다.	
장점	- 팬티처럼 편하게 입을 수 있다. - 방수 재질로 되어 있어 새지 않는다. - 냉과 월경혈을 흡수한다. - 수면 시 착용할 수 있다.	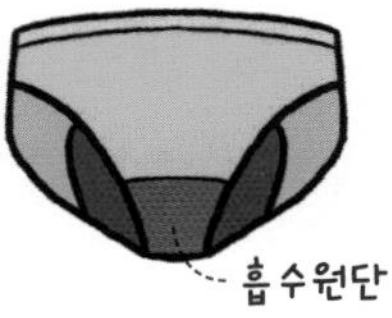 **월경 팬티**
단점	- 흡수 원단이 두꺼워서 건조 시간이 오래 걸린다. - 찬물로 초벌 빨래 후 손빨래를 해야 하는 점이 번거롭다.	

Q. 포경 수술을 꼭 해야 하는 사람이 있나요?

진성 포경

진성 포경은 포피와 귀두가 분리되지 않은 상태를 말해요. 포피의 앞부분이 좁아서 뒤로 젖혀지지 않거나 발기를 해도 귀두가 드러나지 않는 경우가 포함돼요. 이차 성징이 나타날 때 비뇨의학과를 방문해서 검진을 받아 보면 포경 수술 여부를 확인할 수 있어요.

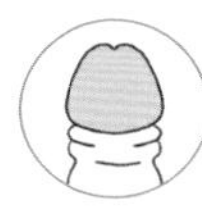

감돈 포경

감돈 포경은 포피가 귀두 뒤로 젖혀진 후에 다시 제자리로 돌아오지 못한 경우를 말해요. 포피가 귀두를 조여서 순환 장애가 생길 수 있어요. 귀두 포피염이 있을 때 감돈 포경이 나타날 수 있고, 간혹 자위행위로 인해 발생되기도 해요. 감돈 포경은 발견 즉시 치료가 필요해요.

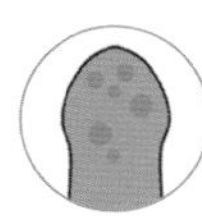

귀두 포피염

귀두 포피염은 귀두와 포피 사이에 분비물이나 피부 각질, 소변 등이 쌓여 염증이 생기는 질병을 말해요. 귀두와 포피가 분리되지 않은 경우 발병되기 쉽고 화농성 분비물, 피부염, 통증 등의 증상을 동반해요. 항생제 복용을 통해 치료가 가능하지만 청결 유지가 안 되거나 재발이 반복된다면 포경 수술을 진행하는 것이 좋아요.

Q. 몽정을 안 하면 문제가 있나요?

평생에 걸쳐 몽정을 하지 않는 경우가 10~20% 정도예요. 몽정은 사람마다 경험 차가 있으니 걱정 마세요. 보통 청소년기에는 약 3주 간격으로 몽정을 하고 나이가 들수록 몽정 횟수가 줄어들어요. 그런데 성생활을 하고 있음에도 몽정을 너무 자주 한다면 병원 방문이 필요해요.

☐ 몽정을 너무 자주 한다.

☐ 성관계나 자위행위를 할 때 사정을 빨리한다.

☐ 사정이 조절이 안 된다.

Q. 자위를 하면 음낭에 핏줄이 너무 튀어나와요.

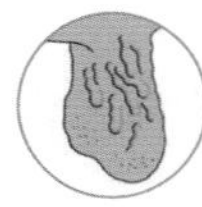

 # 정계 정맥류 (음낭에 혈관이 뭉쳐 있거나 덩이가 만져짐)

성적 자극이 주어지면 혈액이 성기로 몰려서 그럴 수 있어요. 그런데 정도가 심하다면 정계 정맥류를 의심해 봐야 해요. 정계 정맥류는 정소 위쪽으로 올라가는 정계 정맥이 늘어나 혈액이 역류되는 순환 장애를 말해요. 10명 중 1명이 경험하고, 왼쪽 음낭에서 주로 나타나요. 일상생활에 문제를 주지는 않지만 남성 불임과 밀접한 연관이 있어요. 불임 환자의 35%가 정계 정맥류를 가지고 있어요.

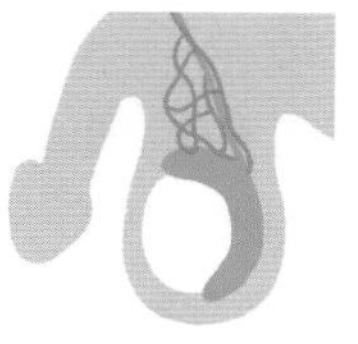

<정상>

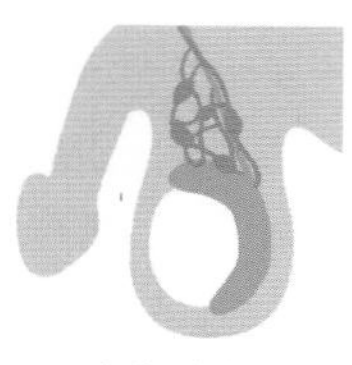

<정계 정맥류>

Q. 발기할 때 음경이 휘어요.

음경 만곡증

음경에는 뼈가 없기 때문에 발기 시 휠 수 있어요. 음경 만곡증은 음경이 15도 이상 휘어서 육안으로 확인 가능한 증상을 말해요. 음경 만곡증은 선천성과 후천성으로 구분돼요. 선천성 음경 만곡증은 해면체의 발달이 불균형해 발기 시 한쪽으로 휘게 돼요. 후천성 음경 만곡증은 음경의 혈관을 지탱하는 백막의 손상으로 생기는 경우가 많아요. 외부 자극으로 백막에 흉터가 생기면 발기 시 해면체가 팽창하지 않고 한쪽으로 휘게 되죠. 음경 만곡증은 대개 치료하지 않아도 되지만 성관계 시 본인이나 파트너가 통증을 느낀다면 수술/주사/약물 치료를 할 수 있어요. Tip. 진찰을 받으러 갈 때 발기된 음경 사진을 가져가면 도움이 돼요. 병원에서 발기 유발제를 사용해 육안 검사를 할 수 있어요.

Q. 아침 발기가 안 되면 문제가 있는 건가요?

발기 부전

아침 발기 여부는 발기 기능을 판단하는 기준이지만 관계 시 발기 장애가 없다면 문제없어요. 발기 부전은 성생활에 충분한 발기가 되지 않거나 발기 유지가 어려운 증상이 3개월 이상 지속된 경우를 말해요. 원인으로는 고령, 흡연, 음주, 당뇨, 고혈압, 뇌혈관 질환 등이 있어요. 그 외에도 고혈압 치료제, 향정신성 약물, 호르몬 제제 복용으로 인해 일시적인 발기 부전이 생기기도 해요. 꼭 신체적 원인으로 발기 부전이 되는 건 아니에요. 스트레스나 우울증, 불안 장애 등 심리적 원인 때문에 발생되는 경우를 심인성 발기 부전이라 해요.

국제 발기 기능 측정 설문지 단축형(International Index of Erectile Function)

한 번도 없음 (0점), 거의 없음 (1점), 가끔 (2점), 때때로 (3점), 거의 대부분 (4점), 매번 (5점)

	문항	점수
1	지난 4주 동안 성행위 시 몇 번이나 발기가 가능했습니까?	
2	지난 4주 동안 성적 자극으로 발기되었을 때 성교가 가능할 정도로 충분한 발기가 몇 번이나 있었습니까?	
3	지난 4주 동안 성교를 시도할 때 몇 번이나 파트너의 성기에 삽입할 수 있었습니까?	
4	지난 4주 동안 성교하는 중에 발기 상태가 끝까지 유지된 적이 몇 번이나 있었습니까?	
5	지난 4주 동안 성교 시에 성교를 끝마칠 때까지 발기 상태를 유지하는 것은 얼마나 어려웠습니까?	
총점 (점수가 낮을수록 발기 부전을 의심해 볼 수 있어요.)		

Q. 발기 부전 예방법

☐ 야식은 줄이고 채소 위주의 식단을 하세요.

☐ 스쿼트나 걷기 운동이 도움이 돼요.

☐ 주 1~2회 정도 성관계 혹은 자위를 하면 좋아요.

☐ 숙면과 휴식을 취하세요.

☐ 금연하세요.

Tip. 심인성 발기 부전의 경우 파트너와의 대화나 심리 상담을 추천해요.

Q. 사정이 너무 빠르거나 느리면 문제인가요?

 # 조루 # 지루

성관계에서 사정까지 이르는 시간에 정답은 없어요. 삽입 성교를 멈추지 않고 했을 때 남성이 사정에 도달하는 시간은 평균적으로 5분 30초예요. 이보다 짧으면 조루, 길면 지루가 되는 건 아니에요. 사정을 본인의 의지로 조절할 수 있는가가 중요해요.

구분		조루	지루
경험률		전세계 남성 중 20~25%가 경험	성기능 장애의 4% 차지
개념		최소한의 자극으로 원하지 않는 시점에 사정을 하는 경우	발기 기능은 보존된 상태에서 사정이 안돼 통증과 피로가 동반되는 경우
심리적	원인	심리적 요인, 세로토닌 저하	임신에 대한 두려움, 죄책감, 스트레스 등
	치료	심리 상담, 세로토닌 약품 복용	심리 상담
기질적	원인	귀두의 신경이 민감해서 발생	둔감한 반응, 척수 문제, 약물 부작용
	치료	수술과 국소 마취제	호르몬제 처방

참고 | 서울아산병원 질환백과, 서울대학교병원 N 의학정보

성전파 질환

내 몸을 돌보는 방법

성적 접촉을 통해 전파되거나 감염되는 질환을 성전파 질환/성매개 감염(STI; Sexually Transmitted Infection)이라 말해요. 흔히 '성병'으로 불리는데, 단어가 가진 편견과 낙인을 줄이고자 성전파 질환으로 칭해요. 성생활을 하는 사람의 80%가 한 번 이상 성전파 질환을 경험해요. 성전파 질환에 걸린 것이 성적으로 문란하거나 죄를 지었다는 의미가 될 수 없어요. 한 명의 파트너만 있더라도 감염될 수 있고, 콘돔을 사용해도 감염될 수 있어요.

성전파 질환 진단이 나온 건 특별한 이유가 있어서가 아니라
내가 내 몸을 타인과 친밀하게 공유하겠다고 결정했기 때문이에요.

-윤정원 전문의-

성 건강을 챙기는 첫걸음은 성전파 질환에 대해 배우고 알아 가는 거예요. 간단한 퀴즈로 알아 가 봐요.

*정답은 책 뒤편 부록에 있습니다.

성전파 질환은 성기 접촉을 통해서만 감염된다.	O X
음모를 제모했을 경우 성기 사마귀나 헤르페스에 감염될 위험이 크다.	O X
성전파 질환은 충분히 치료를 하면 모두 완치할 수 있다.	O X
성전파 질환이 의심될 때 가장 먼저 해야 할 일은 파트너에게 알리는 것이다.	O X
자궁 경부암 예방 주사(HPV)는 남자도 맞아야 한다.	O X

예방이 최우선!

성생활을 하고 있다면 1년에 한 번씩은 정기 검진을 받아야 해요. 여성 병원이나 비뇨의학과에 방문하면 STI(혹은 STD) 검사를 할 수 있어요. 검사는 6종/12종으로 구분되고 건강 보험이 적용돼서 비용은 2~3만원 정도예요.

STI 12종

STI 검사(성병 검사) 항목	
임질	Neisseria gonorrhoeae
클라미디아	Chlamydia trachomatis
유레아플라즈마 U	Ureaplasma urealyticum
마이코플라즈마 G	Mycoplasma genitalium
마이코플라즈마 H	Mycoplasma hominis
트리코모나스	Trichomonas vaginalis
매독	Treponama pallidum
가드넬라	Gradnerella vaginalis
헤르페스 1 (구강)	HSV type 1
헤르페스 2 (성기)	HSV type 2
칸디다	Candida albicans
유레아플라즈마 P	Ureaplasma parvum

어떻게 전파될까?

성전파 질환은 대다수 성적 접촉으로 전파돼요. 정액이나 질 분비물, 침, 혈액과 같은 체액을 통해서 감염될 수 있어요. 전파 경로는 질, 음경, 음순, 항문, 입 등에 있는 점막 접촉이 있어요. HIV나 B형 간염의 경우, 성적 접촉이 아니어도 감염자의 혈액이나 체액과 접촉한 경우 전파될 수 있어요. 면도기나 손톱깎이를 공유하거나 수혈을 받은 경우가 해당되죠. 즉, 성전파 질환의 원인이 무조건 성행위는 아니에요.

접촉 부위	전파 가능 질환
입-입	구강 헤르페스
입-음경, 입-음순	클라미디아, 임질, HPV, 구강 헤르페스, 성기 헤르페스, 매독, HIV
손-질, 손-항문	HIV, B형 간염
음경-질	HIV, 임질, 클라미디아, 헤르페스, HPV, 매독, B형 간염, 트리코모나스, 성기 사마귀
음경-항문	HIV, B형간염, HPV, 매독, 임질, 클라미디아, 헤르페스, 성기 사마귀
외음부-외음부	HPV, 구강 헤르페스, 성기 헤르페스, 매독, 클라미디아, 임질, 성기 사마귀, HIV

음모 제모를 하면 외음부 접촉이 쉬워져서 HPV, 성기 사마귀, 헤르페스에 감염될 위험이 커져요.
성기 삽입을 할 경우에는 콘돔 사용이 필수예요. 손으로 만질 때는 핑거돔을 사용하세요.
성행위 시 체액이나 점막에 접촉될 가능성이 있을 때는 꼭 보호 장비를 사용하세요.

어떤 증상이 있을까?

정기 검진이 아니더라도 몸에 이상 증상이 나타나면 병원을 방문해야 해요. 대부분의 성전파 질환은 적절한 치료를 받으면 완치될 수 있어요. 그런데 치료 시기를 놓쳐 질환이 심해지면 후유증이 생길 수 있죠. 그렇기 때문에 의심 증상을 알아두고 내 몸을 돌볼 수 있어야 해요.

- □ 성기가 가렵거나 따가운 느낌이 들 때
- □ 소변을 보는데 시원하지 않거나 열감이 느껴질 때
- □ 성기에 여드름이나 사마귀, 상처, 포진이 생겼을 때
- □ 아랫배가 아플 때
- □ 골반 근처가 아플 때
- □ 질 분비물이 평소보다 많거나 냄새가 날 때
- □ 분비물/정액의 색이 평상시와 다를 때 (녹황색, 붉은색, 고름 등)
- □ 월경통이 심하거나 월경 주기가 불규칙할 때
- □ 월경혈이 갑자기 많아지거나 적어졌을 때
- □ 성관계 시 통증이 있을 때

위 항목 중 1개라도 해당된다면 병원에 방문하여 검사를 받으세요!

성전파 질환에 걸렸을 때

① 의심 증상이 있을 때 병원에 방문해요. 증상이 없어도 최소 1년에 한 번은 검사를 받아야 해요.

② 검사를 통해 성전파 질환을 확인하고 처방을 받아요.

③ 파트너에게 사실을 알리고 함께 치료를 받아요. 병원은 각자 편한 곳으로 가요.

④ 감염 사실을 알면 당황스러울 수 있어요. 그러나 성전파 질환을 자신의 잘못이라 자책하지 마세요.

주의: 임의로 치료나 약 복용을 중단하지 마세요. 치료 시 성관계나 자위를 하지 마세요.

파트너와 대화하기

성관계 전에 성전파 질환에 대한 대화는 필수예요. 최근에는 소개팅 앱에 자신의 검사 결과서를 게시해 놓는 경우도 있어요. 검사 결과를 공유하는 것도 좋은 방법이지만, 성전파 질환을 어떻게 예방할지, 감염이 된다면 어떻게 대처할지와 같은 대화를 하는 것이 더 중요해요.

만약 여러분이 성전파 질환 보균자라면 파트너에게 꼭 알려야 해요. 상대방이 비난할까 봐, 또는 부끄러워서 숨길 경우 상대방을 위험에 노출시킬 수 있어요.

성전파 질환이 있다고 '더러운 사람'이고, 바이러스가 없다고 '깨끗한 사람'인 건 아니에요. 이분법으로 나누는 자세는 좋지 않아요. 상대방이나 자신을 탓하기보다 함께 안전하게 성관계를 할 수 있는 방법을 논의하는 게 좋아요. 서로를 지킬 수 있는 방법에는 ① 정기 검진 ② 콘돔 사용 ③ 백신 접종이 있어요.

B형 간염, 자궁경부암(HPV)의 경우 백신 접종을 통해 예방할 수 있어요.

질문으로 알아 가는 성전파 질환

Q. 남자는 비뇨의학과에 가면 어떻게 검사를 받나요?

의심 증상과 질병에 따라 검사법이 달라지지만 대개 소변이나 분비물을 검사해요. 분비물은 요도를 통해 채취해요. 보다 정확한 검사를 위해 브러시를 이용해 귀두부와 성기 몸통, 고환 부위를 긁어 채취하는 스와프 검사를 하기도 해요. 필요에 따라 혈액 검사를 진행하기도 해요.

Q. 여자는 여성 병원에 가면 어떻게 검사를 받나요?

여성의 경우 주로 분비물 검사를 해요. 밀봉된 면봉을 자궁 경관에 삽입하여 회전시켜 분비물을 채취하고 배양 검사를 합니다. 필요에 따라 소변 검사와 혈액 검사를 진행하기도 해요.

Q. STI는 성관계를 해야지만 감염되나요?

그렇지 않아요. 대표적으로 질염은 성관계 경험이 없어도 면역력이 낮아질 때 걸릴 수 있어요. 삽입 없이 균이 내부로 침투하는 '상행 감염'이나 질 내부의 산성도가 저하되었을 때 자연적으로 발생하는 '기회 감염' 가능성도 있어요.

Q. 증상이 없어도 STI 검사를 받아야 하나요?

STI 중에 증상이 없거나 잠복기가 길어 눈치채기 어려운 경우도 있어요. 남성에게는 영향을 주지 않는 바이러스가 여성에게 전달되었을 때는 질병이 될 수도 있어요. 만약 성관계를 하고 있다면 6개월에 한 번씩은 검사를 하는 게 좋아요.

Q. 검사 결과 양성이에요. 어떻게 치료하나요?

질환에 따라 치료법이 달라져요. 전문의 상담을 통해 적절한 치료를 받으세요. 약물 치료를 할 경우 임의로 복용을 중단하면 안 돼요. 증상은 사라져도 원인이 해결되지 않은 경우 재발될 수 있어요. 꼭 복용법과 치료법을 지켜 주세요.

Q. 미성년자예요. STI 검사를 받으면 부모님께 알려지나요?

우선 의료 기록은 개인 정보여서 아무나 알 수 없어요. 만약 의료 보험료를 부모님이 내고 계신다면 연말 정산 때 의료 공제를 받는 과정에서 확인할 수 있어요. 이때 확인 가능한 것은 병원명(○○ 여성 병원)이고 질병에 대한 내용은 공개되지 않아요.

- 도움받을 수 있는 곳:

서울시립십대여성건강센터 나는봄 www.imbom.or.kr (02-6227-1541)

Q. 여자도 비뇨기과에 가도 되나요?

비뇨기과는 배뇨에 관한 문제를 다루는 곳이에요. 최근에 남성만 가는 곳이라는 편견을 없애기 위해 비뇨기과에서 '비뇨의학과'로 명칭을 변경했어요. 사실 비뇨의학과는 여성에게 꼭 필요한 병원이에요. 방광 질환은 여성 환자가 70%를 차지해요. 여성은 신체 구조상 요도가 짧고, 가까이에 질과 항문이 있어 세균 감염에 취약하기 때문이지요. 배뇨에 어려움이 생기면 비뇨의학과에 방문해 주세요!

Q. 자궁 경부암 백신은 부작용이 심한가요?

그건 루머예요. 아마 일본에서 발표된 논문 결과를 본 것 같네요. 그러나 해당 논문은 실험 방법의 부적절성 때문에 2017년에 공식적으로 철회되었어요. 실제 부작용은 독감 예방 주사 부작용과 유사해요. 주사 부위 통증과 두통이 가장 많이 나타나는 증상이에요. 이러한 부작용을 확인하기 위해 접종 후 15분간 병원에서 휴식을 취한 뒤 귀가하게 되어 있어요.

Q. 자궁 경부암 백신이 너무 비싸요. 지원받을 수 있나요?

정부에서는 13~17세 여자 청소년과 18~26세 저소득층 여성을 대상으로 자궁 경부암 백신을 무료로 지원합니다. 저소득층의 경우 해당 증빙 자료가 필요해요. 만약 무료 지원 대상이 아니라면, 건강보험심사평가원에서 제공하는 사이트에서 백신 가격을 비교해 보세요!

건강보험심사평가원 ▶ 비급여 진료비 정보 ▶ 본인 지역 선택 ▶ 비급여 진료비 항목 ▶ 예방접종료 ▶ 상세분야 선택 ▶ 사람유두종바이러스 감염증(HPV 백신)

Q. 남자도 자궁 경부암 예방 주사를 맞아야 하나요?

남녀 모두 자궁 경부암 예방 접종을 추천해요. 자궁 경부암 주사로 알려져 있는 가다실은 HPV(사람유두종바이러스)로부터 보호해 줘요. HPV는 자궁 경부암 외에도 질암, 외음부암, 음경암, 성기 사마귀 등을 유발하는 원인균이에요. 나와 파트너를 위해 꼭 접종하길 바라요.

어떤 백신을 맞아야 할지 고민된다면, 어떤 질병을 예방하고 싶은지 생각해 보세요. 국내 유통되는 자궁 경부암 백신은 몇 종의 HPV(사람유두종바이러스)를 예방할 수 있는지에 따라 종류가 달라져요. 아래 표를 통해 나에게 맞는 백신을 선택해 보세요!

		서바릭스	가다실	가다실9
N가 백신		2가	4가	9가
포함한 HPV		16형 18형	6형 11형 16형 18형	6형 11형 16형 18형 31형 33형 45형 52형 58형
예방 범위 *식약처 승인 기준	여성	16, 18형 HPV 의한 자궁 경부암, 외음부암, 질암, 항문암	16, 18, 6, 11형 HPV 의한 자궁 경부암, 외음부암, 질암, 항문암 6, 11형 HPV 의한 생식기 사마귀	16, 18, 6, 11, 31, 33, 45, 52, 58형 HPV 의한 자궁 경부암, 외음부암, 질암, 항문암 6, 11형 HPV 의한 생식기 사마귀
	남성	16, 18형 HPV 의한 항문암	16, 18형 HPV 의한 항문암 6, 11형 HPV 의한 생식기 사마귀	16, 18, 31, 33, 45, 52, 58형 HPV 의한 항문암 6, 11형 HPV 의한 생식기 사마귀
항원 보강제		AS04	알루미늄 염	

정부에서 지원하는 자궁 경부암 백신은 **서바릭스**와 **가다실 4가**입니다.

Q. 질염은 왜 자주 재발되나요?

'질염은 여성의 감기'라는 말을 들어 봤을 거예요. 감기처럼 면역력이 낮아질 때 발생하기 쉽고, 누구나 걸릴 수 있기 때문이에요. 감기는 병원에 가지 않아도 자가 치유되지만, 질염은 병원에 가지 않으면 만성이 될 수 있어요. 질염에 자주 걸린다면 나의 생활 습관과 건강 상태를 먼저 확인해 보세요!

- □ 에스트로겐 호르몬이 감소하면 질 내 pH 농도가 유지되지 않아서 질염에 걸리기 쉬워요.
- □ 당을 많이 섭취하면 칸디다균이 증식하기 쉬운 상태가 돼요.
- □ 항생제를 장기간 복용하는 경우 유익균마저 죽는 경우가 있어요.
- □ 탐폰은 질 내부를 건조하게 만들 수 있어요. 제대로 살균하지 않은 월경컵과 씻지 않은 손가락이 염증을 일으키기도 해요.
- □ 스키니진, 레깅스, 스타킹 같은 통풍이 안되는 옷은 성기를 습하게 만들어요.

Q. 질염 예방법

- □ 성관계 시 콘돔을 사용하세요.
- □ 통풍이 잘되고 느슨한 하의와 속옷을 착용하세요.
- □ 외음부를 청결하고 건조하게 유지하세요.
- □ 소변, 대변을 본 후 앞에서 뒤로 닦으세요. (질→항문)
- □ 균형 잡힌 식단, 적절한 운동, 충분한 휴식, 숙면이 도움이 돼요.

Tip. 질 분비물이 많은 경우 일회용 월경대(라이너)보다 월경 팬티를 추천해요. 속옷의 경우 면으로 만들어진 흡수성이 좋은 속옷을 입어요.

<table>
<tr><th></th><th>세균성 질염(BV)</th><th>칸디다 질염</th><th>트리코모나증</th></tr>
<tr><td>원인</td><td>질 내 젖산균이 감소하고 가드네렐라와 같은 박테리아가 증가하여 발생</td><td>칸디다라는 효모에 감염되어 발생</td><td>편모충에 감염되어 발생</td></tr>
<tr><td>증상
(몸)</td><td colspan="3">외음부 및 질 가려움증, 홍반, 작열감, 성교통, 배뇨통,
무증상인 경우도 있음</td></tr>
<tr><td>증상
(질 분비물)</td><td>생선 냄새가 나는 회색이나 백색의 묽은 질 분비물</td><td>으깬 두부나 치즈 형태의 질 분비물</td><td>회색이나 녹색의 거품이 있는 질 분비물</td></tr>
<tr><td>감염
경로</td><td colspan="2">성관계 경험이 없어도 걸릴 수 있음</td><td>일반적으로 성 접촉으로 전염</td></tr>
<tr><td>진단</td><td colspan="3">자궁 경부의 분비물 및 체액 검사</td></tr>
</table>

(슬기로운 성 건강 파트의 냉 이미지를 참고하세요. 133쪽)

PART

6

젠더 기반 폭력

성폭력

디지털 성폭력

데이트 폭력

성폭력

성적 권리를 침해한 순간

뉴스 속 성폭력만 성폭력이 아니야!

여러분에게 '성폭력'은 어떤 이미지인가요? 신체적인 폭력이나 협박을 이용한 강력 범죄? 권력을 이용해서 자신이 원하는 대로 피해자를 괴롭히는 것? 강제적인 성관계? 어떤 걸 떠올렸던 그 또한 성폭력이 맞아요. 하지만 성폭력의 범위는 생각보다 넓어요. 일단 성폭력의 정의부터 알아볼까요?

성폭력 [sexual violence, 性暴力]

성적인 언어나 행동을 수반하는 폭력 행위로, 피해자에게 정신적·육체적 손상이나 고통을 주고 인간의 존엄성과 성적 자기 결정권 등의 인권을 침해한 행위

'성적 자기 결정권'은 성적인 일에 대하여 타인의 간섭 없이 자기 스스로 판단하여 결정하는 권리를 말해요. 이때 타인의 간섭은 세 가지 경우가 있어요.

- 국가가 개인의 권리를 간섭하는 경우 (예: 일본군 위안부)
- 사회가 개인의 권리를 간섭하는 경우 (예: "학생이 무슨 연애야.")
- 개인이 개인의 권리를 간섭하는 경우 (예: "날 사랑한다면서 이 정도도 못해 줘?" 같은 마음의 부담을 주는 형태, "오디션에 붙게 해 줄게." 같은 대가나 보상을 약속하는 형태, "유포할 거야!" 같은 협박이나 신체적인 폭력을 가하는 형태)

다음 중 성적 자기 결정권 침해가 아닌 것은 무엇일까요?

- 타인의 외모에 대해 평가하는 행위
- 동의 없이 친구의 모습을 촬영한 행위
- 연애하는 친구들에게 스킨십을 하라고 강요하는 행위
- 다른 사람 앞에서 성적 행위를 행동이나 말로 묘사하는 행위
- 친구의 성적 지향에 대해 놀리는 행위

위의 내용은 전부 성적 자기 결정권 침해에 해당해요. 즉, 성폭력은 단순히 성적 행위를 강제로 한 것만을 말하는 것이 아니에요. 성적 자기 결정권에서 말하는 성적인 일에 대해 동의 없이 가해지는 모든 폭력 행위를 말해요.

물론 이 내용들이 다 법적인 처벌을 받지는 않아요. 하지만 다음 상황을 떠올려 보세요. 여러분이 친구의 물건을 망가뜨렸어요. 법적으로 치면 재물 손괴죄에 해당하지만 이 상황 정도로 법적 처벌을 받지는 않아요. 그렇다고 해서 여러분이 친구의 물건을 일부러 망가뜨리진 않겠죠?

또 경계와 동의에 대해 배웠음에도 친구와 장난으로 손을 잡았다 떼면서, 혹은 신체를 만지고서 "응, 성폭력~" 하고 장난을 치는 경우가 있어요. 그 경우도 서로 명시적인 동의를 하지 않았으니 성적 자기 결정권 침해로 볼 수 있지만 성폭력으로 신고하지도, 법적으로 처벌하지도 않아요. 왜냐하면 법적인 영역은 다양한 상황과 맥락이 필요하거든요.

이처럼 법적으로 처벌하는 영역과 그렇지 않은 영역이 있어요. 하지만 우리는 다른 사람의 물건을 함부로 망가뜨리지 않으려 노력하고, 다른 사람의 신체를 함부로 만지지 않으려 노력하죠. 우리는 서로를 위해 매 순간 노력하고 있어요.

보이지 않는 힘이 우릴 힘들게 해!

성폭력은 이런 노력을 하지 않는 사람들에 의해 발생해요. 보통 그런 사람들은 '권력(힘)이 있는 사람'이죠. 성폭력은 대부분 아는 사람에 의해, 그 관계를 기반으로 교묘하게 일상 속에서 잘 보이지 않는 힘을 이용해 발생해요.

어떤 것들이 권력이 될까요? 나이, 사회적 신분, 직급, 완력, 재산, 출신, 인종, 장애 유무 등이 있어요. 양육자와 자식, 선생과 학생, 선배와 후배, 사장과 직원, 교수와 제자, 정규직과 계약직, 남자와 여자 등 관계가 있는 곳 어디든 권력관계가 있어요. 집, 학교, 직장, 여가 생활 그 어디든 있지요.

이 권력관계는 앞서 배운 동의를 제대로 하기 어렵게 만들어요. 수평적이지 못하니까요. 심지어 권력이 있는 쪽이 명시적(명확하게 귀나 눈으로 확인할 수 있는) 동의를 구하지 않아요. 권력이 없는 쪽은 본인이 겪은 일이 성적 침해인지 잘 모르기도 해요. 또 가해자와 피해자는 지속적으로 우호적인 관계를 유지해야 하는 경우도 많아서 법적으로 대처하기 힘들어요. 어쩔 때는 피해자가 성적 행위를 동의한 것처럼 보이기도 하지만 거부할 수 없었던 상황이 많아요. 예를 들면 이런 상황들이요.

- 가해자의 평가가 피해자의 입시 결과에 큰 영향을 미친다면?
- 가해자의 업무가 피해자의 인사에 실질적인 영향을 행사할 수 있다면?
- 피해자가 가해자를 전적으로 신뢰하고 있고, 가해자의 보호를 받고 있는 상태라면?
- 가해자가 피해자의 생계를 책임지고 있다면?
- 가해자가 피해자의 중요한 정보를 약점으로 삼고 있다면?

그래서 늘 우리의 관계를 살피고 동의를 구하는 태도가 중요해요. 동의한 것처럼 보여도 혹시나 우리 관계에 보이지 않는 힘의 차이가 있어서 상대방이 동의할 수밖에 없었던 건 아닌지, 거부 의사를 말할 수 없었던 건 아닌지 살펴봐야 해요.

성폭력 피해를 경험했다면?

성폭력 피해를 경험했다면 여러분은 아래와 같이 대응할 수 있어요. 성폭력은 혼자 해결하기 힘들기 때문에 주변의 도움을 받는 것이 좋아요. 혹여나 자신의 대응이 부족했다고 생각하거나 성폭력 사건에 책임이 있다고 자책하지 말아요. 성폭력은 오로지 가해자의 잘못이니까요. 당신의 회복력을 믿고 앞으로 할 수 있는 일을 찾아봐요.

● 나의 상황 인식하기

☐ 피해로 인해 발생한 나의 감정은 무엇인가요?

☐ 피해가 나의 일상에 미친 영향은 무엇인가요?

☐ 피해로 입은 외상이나 내상은 있나요? 있다면 무엇인가요?

☐ 가해자에게 지속적인 성폭력, 협박 등의 추가 피해가 있나요?

☐ 피해로 인해 내가 입은 물질적인 손해는 무엇인가요?

☐ 주변에서 이 상황에 대해 알고 있나요?

● 원하는 해결 생각하기

☐ 심리적 지지나 치유가 필요한가요?

☐ 피해에 대한 손해 배상을 어느 정도로 생각하고 있나요?

☐ 가해자의 법적 처벌을 원하나요?

☐ 가해자의 사과를 원하나요?

☐ 가해자와의 물리적·심리적 분리를 원하나요?

☐ 주변에서 이 사건을 모른 채로 해결되길 원하나요?

● 사건 해결의 목표/한계 설정하기

☐ 원하는 해결이 어려울 때 나는 어느 정도로 받아들일 수 있나요?

☐ 사건 해결에 쏟을 수 있는 시간, 체력, 정신력은 어느 정도인가요?

☐ 사건을 해결하는 과정에서 내가 감당할 수 있는 사건 처리 과정, 감정, 금액, 주변의 태도는 어느 정도인가요?

☐ 사건을 해결하는 과정이 나의 일상에 미칠 영향은 무엇인가요?

☐ 가족, 직장, 학교, 소속 집단 등 주변 상황은 어떤가요?

● 사건의 증거 수집하기

☐ 신체적 증거(병원 진료 기록, 상처 사진 등)

☐ 기록 증거(사건 정황 기록물, 장소·사건 관련 물건 사진 등)

● 주변의 도움받기

☐ 도움받을 수 있는 기관: 한국성폭력상담소, 1366, 해바라기지원센터

☐ 주변의 지지자: 가족, 친구, 선생님 등

출처 | 한국성폭력상담소

디지털 성폭력

디지털 속 우리의 성적 권리 침해

요즘엔 스마트폰 없이 못 산다는 말을 할 정도로 내 몸과 다름없이 가지고 다니는 스마트폰! 여러분은 스마트폰을 이용해 어떤 활동을 하나요? 아래의 체크 리스트를 보고 어떤 경험을 해 봤는지 표시해 보세요.

나의 디지털 경험 체크하기

- ☐ 채팅 앱(카카오톡, 라인 등)을 이용해 지인과 대화한다.
- ☐ OTT 앱(넷플릭스, 웨이브, 티빙 등)을 이용해 영상을 본다.
- ☐ 영상 플랫폼(유튜브, 틱톡 등)을 이용해 영상을 보거나 직접 게시한다.
- ☐ SNS(인스타그램, 페이스북 등)에 사진이나 글을 게시한다.
- ☐ 디지털 기기(스마트폰, 카메라 등)를 이용해 혼자 혹은 다른 사람과 사진을 찍는다.
- ☐ 아는 사람의 SNS를 팔로우하여 그 사람의 사진이나 글을 보고 읽는다.
- ☐ 다른 사람의 게시물에 반응(좋아요, 리트윗, 멘션, DM, 댓글 등)한다.
- ☐ 웹툰이나 웹소설, 동영상 시청, 게임 등 미디어로 여가 활동을 한다.
- ☐ 게임이나 앱을 통해 모르는 사람과 채팅을 한다.
- ☐ 미디어를 활용해 정보를 얻거나 교육을 받는다.
- ☐ 마음에 든 미디어(영상, 사진, 짤 등)를 저장하거나 다른 사람에게 공유한다.
- ☐ 함께 찍은 사진을 단체 채팅방을 통해 전송한다.
- ☐ 다른 사람의 연락처를 저장하고 연락한다.

- [ ] 사고 싶은 물건의 가격을 비교하고 정보를 찾는다.
- [ ] 모르는 사람과 거래(번개장터, 당근마켓 등)한다.
- [ ] 기사나 게시글을 읽다가 원하지 않은 성적인 광고를 본다.
- [ ] 보이스 피싱으로 의심되는 문자나 연락을 받는다.
- [ ] 내가 동의하지 않은 사이트의 광고 문자나 연락을 받는다.
- [ ] 확인되지 않은 링크가 있는 문자나 연락을 받는다.
- [ ] 누군가를 사칭하는 계정을 발견하거나 직접적으로 연락을 받는다.
- [ ] 내 게시물이 여러 곳으로 공유된 것을 본다.

라라는 모든 문항에 체크했어요. 스마트폰 중독이 아닐까 살짝 의심해 봤네요. 여러분은 몇 개나 해당되나요? 일상에서 굉장히 많은 디지털 경험을 하고 있는 걸 알 수 있어요.

디지털 발자국 확인하기

신발을 신고 집에 들어가 본 적 있나요? 눈에는 잘 띄지 않지만 자세히 보면 신발 자국이 보이곤 하죠. 디지털 세상도 마찬가지예요. 인터넷 검색, 게임 접속, SNS 등 어떤 온라인 활동을 하든 디지털 발자국으로 남죠. 내가 남긴 디지털 발자국에는 어떤 개인 정보가 포함되었나요? 누구에게 노출되고 있나요?

디지털 발자국을 완전히 지울 수는 없지만, 누구에게 어떤, 어느 만큼의 정보를 공유할 건지는 여러분이 결정할 수 있어요. 직접 디지털 발자국을 찾아보며 경계 감각을 길러 보세요!

어떤 디지털 발자국이 남겨져 있나요?

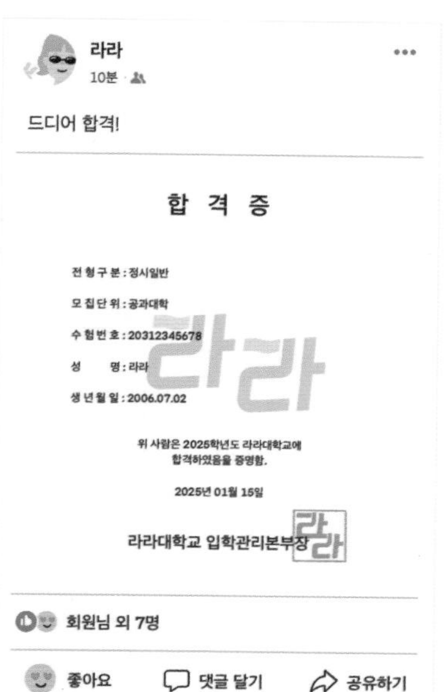
라라
10분
드디어 합격!
합 격 증
전 형 구 분 : 정시일반
모 집 단 위 : 공과대학
수 험 번 호 : 20312345678
성 명 : 라라
생 년 월 일 : 2006.07.02
위 사람은 2025학년도 라라대학교에
합격하였음을 증명함.
2025년 01월 15일
라라대학교 입학관리본부장
라라
회원님 외 7명
좋아요
댓글 달기
공유하기

어떤 디지털 발자국이 남겨져 있나요?

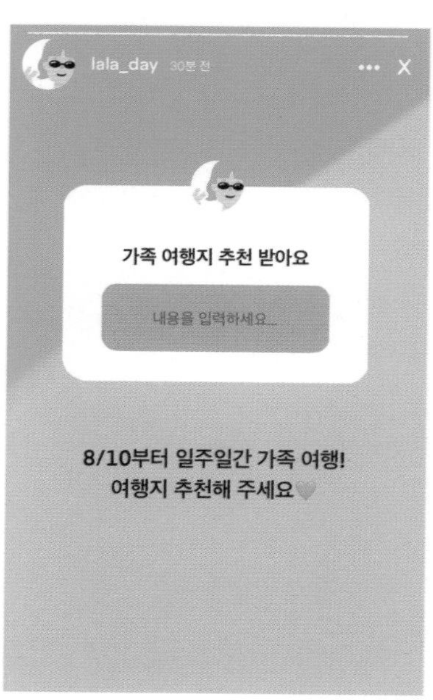
lala_day 30분 전
가족 여행지 추천 받아요
내용을 입력하세요...
8/10부터 일주일간 가족 여행!
여행지 추천해 주세요

어떤 디지털 발자국이 남겨져 있나요?

디지털 성폭력이 뭐길래?

디지털 성폭력은 디지털을 매개로 타인의 성적 자기 결정권을 침해하는 행위를 말해요. (성폭력 파트를 참고하세요. 171쪽~) 여기서 디지털을 매개로 한다는 건 앞 페이지의 체크 리스트에서 읽은 다양한 상황들을 전부 포괄해요. 디지털 성폭력의 유형을 보면서 자세히 설명해 볼게요.

- 유포형: 자신 또는 타인의 성적 욕망을 유발하거나 만족시킬 목적으로 타인의 신체를 촬영, 유포, 판매, 임대, 제공, 제시, 전시, 상영
- 제작형: 정보 통신망을 통해 디지털 성폭력 행위를 제공할 목적으로 제조, 유포, 수입, 수출
- 참여형: 디지털 성폭력 행위의 게시물에 댓글, 연락 등으로 동조, 참여
- 소비형: 피해 촬영물을 소지, 매입, 시청

출처 | DSO

제작형 유포형	□ 다른 사람을 사칭하여 타인을 성적으로 착취하는 경우 □ 동의를 구하지 않고 다른 사람의 사진을 찍는 경우 □ 합의하에 함께 찍은 사진이나 영상을 동의 없이 게시하거나 전시하는 경우 □ 성적인 영상을 다운로드한 후 재유포하는 경우 □ 다른 사람의 성적인 사진을 저장하거나 전송하는 경우 □ 수상한 링크를 이용해 타인을 성적으로 착취하는 경우
참여형 소비형	□ 피해 촬영 게시물에 댓글, 좋아요 같은 반응을 보이는 경우 □ 피해 촬영물을 시청하는 경우 □ 피해 촬영물을 공유해 달라고 하는 경우 □ 피해 촬영물을 구매하는 경우 □ 성 착취를 유도하거나 요청하는 경우

우리가 크게 염두에 두지 않았던 상황들이 누군가에겐 성폭력이 될 수 있었던 거예요. 그래서 디지털 성폭력은 누구나, 언제, 어디서든 발생할 수 있어요. 내가 의도하지 않았어도 친구의 잘 나온 사진을 단톡방에 올려서, 애인에게 장난치고 싶어 성적인 메시지를 보내서, 공유된 불법 촬영물을 그냥 봐서 말이지요.

또 가해자가 되기 쉬운 만큼 피해자도 되기 쉬워요. 하지만 빠르게 내 피해를 알기 어렵지요. 신체적 성폭력과 다르게 피해자 본인이 피해를 인지하기보다는 제3자에 의해 알게 되는 경우가 많아요. 게다가 가해자는 대부분 아는 사람인 경우가 많아서 더 이상 유포되지 않길 원하는 피해자는 가해자와의 관계를 단절하지 못하기도 하지요. 일반적인 성폭력과 다르게 유포와 복제로 인한 지속성이 있기 때문에 피해자는 오랜 기간 정신적·경제적 피해를 겪기도 해요.

그래서 디지털 공간에는 이런 피해를 줄이기 위한 장치들이 있어요. 불법 촬영을 막는 카메라 셔터음, 불법 사이트를 차단하는 프로그램, 피해 촬영물을 검색할 수 없는 금칙어 설정, 피해 촬영물과 유사한 미디어가 유포·전송되지 않도록 차단하는 프로그램, 불법 촬영물 신고 프로그램, 디지털 성 착취가 발생할 수 있는 플랫폼에 대한 규제 등이 있지요. 하지만 이런 장치에도 여전히 디지털 성폭력 범죄율은 높아지고 있어요.

기본적으로 디지털 성폭력 범죄가 줄어들기 위해선 디지털을 사용하는 개개인의 노력이 중요해요. 다른 사람의 동의 없이 사진을 찍지 않는 것, 동의 없는 유포를 하지 않는 것, 피해 촬영물을 소비하지 않는 것 등이 있지요. 다음 장에서는 디지털 성폭력을 근절하기 위해 나는 어떤 노력을 할 수 있을지 알아볼 거예요.

나의 위치 정하기

나에게 즐겁고 재미있는 디지털 공간이 다른 누군가에게 끔찍한 공간이 되지 않길 바란다면, 디지털 사용자로서 안전한 디지털 세계를 만들기 위해 나는 어떤 사용자가 될 것인지 정해 봐요.

● 가해자 되지 않기는 너무 당연!

□ 타인의 동의 없이 촬영, 유포, 소지하지 않기

□ 타인의 사진이나 개인 정보 전달, 공유, 판매, 전시하지 않기

□ 피해 촬영물 소비하지 않기

● 적극적인 개입자가 되는 건 어때?

□ 디지털 성폭력 감시단 활동하기

□ 피해 촬영물임을 알려 주기

□ 피해 촬영물 신고하기

□ 디지털 성폭력 근절 SNS 운동 참여하기

● 피해자와 연대하기

□ 통념 타파하기

□ 가해자를 두둔하는 댓글에 반박하기

□ 피해자에게 피해 지원 기관 알려 주기

□ 피해 지원 기관 후원하기

● 디지털 성폭력 근절을 위한 나의 실천 행동 적어 보기

상상력 더하기

앞서 말했듯 우리가 크게 염두에 두지 않았던 상황들이 때론 폭력이 될 수 있어요. 혹시라도 발생할 수 있는 위험을 예방하기 위해 나의 안전을 유지할 수 있는 선이 필요해요. 안전선은 그냥 만들어지지 않아요. 다양한 상황을 상상해 보고 그 다음 일어날 일을 예측해 보며 연습을 통해 안전선을 확보할 수 있죠.

다음에 제시된 상황과 질문에 답해 보세요. 정답이 정해져 있지 않아요. 여러분의 안전선은 자신만이 설정할 수 있어요. 충분히 관계를 맺을 수 있을 정도로 유연하면서도 나를 지킬 수 있는 견고함을 갖춘 안전선을 만들어 보세요. (다만, 내가 안전선을 구축했더라도 폭력은 발생할 수 있고 그건 여러분의 잘못이 아니에요.)

너랑 만나서 얘기하면 진짜 재밌을 거 같아. 우리 만나 볼래?

● 온라인(게임, SNS, 채팅 등)에서 친해진 친구가 만나자고 제안한다. 이때 나의 안전을 위한 규칙을 정해보자.

예) 내가 잘 알고 있는 지역에서 만나기 (친구들과 자주 놀러 가는 지역), 오픈된 공간에서 만나기 (인스타 핫플 카페), 최소 1명에게는 알리기, 상대에게 "부모님께 허락받아야 해요."라고 말하기

1.

2.

3.

lalasns0123
만져 보고 싶다
답글 달기

lalasns0123
좀 더 벗고 찍어 봐
답글 달기

● SNS에 사진을 올릴 때마다 어떤 사람이 반복적으로 댓글을 남긴다. 최근에는 선을 넘는 말을 하기 시작했다. 이런 상황에서 나를 보호하기 위해 나는 어떤 대응을 할 수 있을까? 단계별로 작성해 보자.

예) 1단계: 댓글 삭제하기 / 2단계: 상대에게 DM으로 기분 나쁘다고 감정 표현하기

1단계:

2단계:

3단계:

● 어느 날 애인이 섹시한 사진을 보내 달라고 한다. 혹시라도 내 사진이 악용될까 봐 걱정된다. 나는 어떤 안전 조치를 취할 수 있을까? 사진을 보내고 싶은 상황과 보내고 싶지 않은 상황을 각각 상상해 보면서 나만의 안전선을 적어보자.

사진을 보내고 싶을 때	사진을 보내고 싶지 않을 때
예) 내 염려에 대해 설명하고 보내기	예) 담백하게 거절하기
카톡에 보냈다가 읽으면 바로 삭제하기	왜 받고 싶은지 물어보기

디지털 성폭력 대응하기

디지털 성폭력의 특성상 피해가 누적될 가능성이 높아요. 지속적으로 피해 촬영물을 삭제하기 위해 증거를 수집하거나 삭제 비용을 부담해야 할 수도 있어요. 하지만 당신의 회복력을 믿어요. 그리고 이 모든 일은 당신 때문에 일어난 게 아니에요. 당신을 자책하지 말아요. 당신의 잘못이 아니니까요.

전체적인 대응은 성폭력 대응과 크게 다르지 않아요. (성폭력 파트의 성폭력 대응하기를 참고하세요. 174쪽~) 증거 수집의 경우 피해 촬영물의 원본이 있을수록 좋아요. 힘들겠지만 사진이나 영상을 저장해 두어야 합니다. 주고받은 메시지가 있다면 스크린 샷 등을 이용하여 수집해요. 유포된 게시글의 링크도 저장하고, 전체 게시글도 스크린 샷 등을 이용하여 수집해요.

피해 지원 기관

- 도담별 (카카오톡, 트위터, 페이스북 DM)
- 찾아가는지지동반자 (02-2275-2201)
- 디지털성범죄피해자지원센터 (02-735-8994)
- 한국사이버성폭력대응센터 (02-817-7959)

데이트 폭력

가까워서 위험한 데이트 폭력

데이트 폭력은 데이트 관계에서 발생하는 통제적·언어적·정서적·성적·신체적·경제적 폭력을 말해요. 여기서 데이트 관계는 데이트 또는 연애를 목적으로 만나고 있거나 만난 적이 있는 관계, 넓게는 채팅과 맞선 등을 통해 그 가능성을 인정하고 만나는 관계까지 포괄하며, 사귀는 것은 아니나 호감을 느끼고 있는 상태까지 포함해요.

사귀는 사이에서 발생하는 것만이 데이트 폭력인 것은 아닙니다!

(정의 | 한국여성의전화)

데이트 '폭력'

사랑을 이유로 우리는 상대에게 종종 어떤 행동을 요구할 때가 있어요. 어디에서 누구랑 있는지 인증하는 것, 주변 사람은 만나지 않고 자신만 만나는 것, SNS나 스마트폰의 비밀번호를 공유하는 것, 스킨십을 할 수밖에 없도록 하는 것 등이 있지요. 이런 것들이 우리의 신뢰를 높이고 사랑을 깊어지게 한다면서 말이에요.

하지만 이런 행동들이 데이트 폭력으로 발전할 수 있어요. 데이트 폭력은 차곡차곡 쌓아 올린 친밀함으로 폭력을 폭력으로 바라보지 못하게 만들어요. 데이트 폭력은 이런 특징들을 가지고 있어요.

- 한 번의 폭력으로 끝나지 않고 오랜 기간 지속적으로 폭력이 이어져요.
- 사랑하기 때문에 자신이 이러는 것이라는 가해자의 변명에 피해자는 혼란에 빠져요.
- 가해자가 피해자의 많은 정보를 알고 있어 쉽게 피해자를 통제할 수 있어요.
- 관계를 단절하려는 순간 가해자의 폭력은 더욱 심각해져요.

어떤 사람들은 피해자가 단호히 관계를 끊지 못했으니 폭력에 대한 책임이 있다고 얘기하기도 해요. 가해자가 정신적으로 문제가 있지 않을까 생각하기도 하지요. 하지만 데이트 폭력은 상대의 권리를 존중하지 않고 상대방을 본인의 소유라 생각하고 좌지우지할 수 있다는 믿음에서 시작해요. 그래서 관계를 끝내려 할 때 훨씬 더 심각한 폭력이 발생하게 되는 것이지요.

그렇다면 어떤 게 데이트 폭력일까?

데이트 폭력은 일상에서 쉽게 발생할 수 있어요. 내가 한 말이나 행동이 데이트 폭력은 아닐지, 반대로 상대가 나에게 한 말이나 행동이 데이트 폭력은 아닐지 한 번 살펴봐요.

너 걔랑 연락하지 마

동의 없이
촬영하기

헤어지면 나
죽어 버릴 거야

네가 그럼 그렇지
할 줄 아는 게 뭐가 있냐?

내가 이렇게나 해 줬는데
이 정도도 못해 줘?
(스킨십 시도하기)

화장 그렇게 하지 마

살 좀 빼
성형하는 건 어때?

네가 나올 때까지
집 앞에서 기다릴 거야

돈 빌리고
갚지 않기

나 성병 그런 거 없어
무슨 검사를 해~

그 옷 입지 마
갈아입어

(거절했지만)
아, 왜~ 나 안 사랑해?
(스킨십 시도하기)

소리 지르고
물건 던지기

네가 나 같은 사람
만나는 게 쉬운 줄 알아?

이번 한 번만
콘돔 빼고 하면 안 돼?

신체 폭력

나랑 헤어지면
우리 잔 거
다 얘기할 거야

동의 없이
함께 찍은 성적인 영상
유포하기

이것 말고도 폭력적이라고 생각한 말이나 행동이 있다면 적어 보세요.

데이트 폭력 대응하기

다음의 데이트 폭력 상황에서 여러분은 어떻게 대응할 것인지 보기에서 골라 보거나 자신의 답을 작성해 보세요.

상황 1. 친구들과 만나면 애인이 어디서 누구랑 노는지 매시간마다 인증 사진을 요구한다. 가끔은 친구들과 만나지 말라고 친구들의 연락처를 삭제하거나 차단하기도 한다. 처음에는 질투가 많은 애인이라고 생각했는데 요즘에는 친구들을 만나고 난 뒤 싸움이 잦아졌다. 친구들과 약속을 잡으려면 자꾸 애인의 눈치가 보여서 그냥 약속을 취소할 때도 있다. 어떻게 해야 할까?

① 애인에게 이 부분에 대한 나의 불편함을 설명하며 싸운다.

② 친구들에게 이 상황에 대해 알린다.

③ 애인을 신경 쓰지 않고 계속 친구를 만난다.

④ 애인의 연락처를 차단하고 헤어진다.

⑤

상황 2. 애인은 내가 실수할 때마다 그럴 줄 알았다며 나에게 일을 믿고 맡길 수가 없다고 한다. 물론 내가 실수가 잦긴 하지만 늘 저렇게 말하는 애인을 보면서 내가 진짜 문제가 많은 사람인지 생각하게 된다. 그리고 무슨 일을 할 때마다 실수할까 봐 마음을 졸이게 된다. 이대로 괜찮은 걸까? 어떻게 해야 할까?

① 애인이 그런 말을 할 때 단호하게 그런 말을 하지 말라고 얘기한다.

② 나도 애인에게 그럴 줄 알았으면서 왜 맡겼냐고 따진다.

③ 나의 심리적 건강을 위해 심리 상담을 받는다.

④ 나를 위해 애인과 헤어진다.

⑤

상황 3. 섹스를 거절하면 애인이 대답도 잘 안 하고 연락도 잘 받지 않는다. 이유가 뭐냐고 물어도 아무 이유가 없다고 하니 너무 답답하다. 그러다 섹스 때문인가 싶어서 마지못해 섹스를 하면 다시 또 친절한 애인이 된다. 괜히 마음 졸이거나 싸우기 싫어서 섹스가 싫은 날에도 그냥 섹스를 하는데 이제 점점 애인이 싫어지는 기분이다. 어떻게 해야 할까?

① 애인에게 이 부분에 대해 얘기하고 싸워야 한다면 싸운다.
② 애인이 단답을 하면 나도 그에 맞게 단답으로 대꾸한다.
③ 그냥 섹스를 하고 나도 내가 원하는 것을 같은 방식으로 요구한다.
④ 주변에 같은 경험을 한 사람이 있는지 찾아보고 도움을 구한다.
⑤

상황 4. 애인은 늘 다정한 사람이었다. 가치관이 맞지 않아 헤어지자고 했더니 그날부터 바뀌었다. "난 너밖에 없는 거 알잖아, 너 다른 사람 생긴 거야?" 하면서 자꾸 붙잡더니 이젠 헤어지면 죽겠다고 협박까지 한다. 단호히 헤어지자 얘기했더니 얼마 전에는 애인이 옥상에 올라간 사진을 전송했다. 그럴 때마다 진짜 죽을까 봐 걱정이 되어 계속 만남을 이어 가고 있지만 이렇게 유지될 관계가 아님을 알고 있다. 어떻게 해야 할까?

① 애인의 주변 사람에게 이런 상황을 얘기하고 도움을 요청한다.
② 애인을 정신과에 데려가서 치료를 받게 한다.
③ 찾아오거나 연락할 수 없도록 이사를 가고 연락처를 바꾼다.
④ 애인의 행동을 무시하고 헤어진다.
⑤

각각의 폭력 상황에서 여러분의 상황에 맞게 대처할 수 있는 방법은 여러 가지가 있을 거예요. 내가 사랑하는 사람이 나에게 이런 행동을 한다는 게 잘 믿기지 않기도 하고, 폭력이라고 인정하기 어렵기도 해요. 그러다 보니 단호히 관계를 끊어 내기보다 이 상황을 해결하고 싶어 하는 경우가 많지요. 그런 경우가 있다는 걸 보기를 통해 보여 주고 싶었어요. 우리가 대처 방법을 안다 해도 그 방법대로 대처하기 어려울 수 있으니까요.

데이트 폭력은 개인의 문제가 아니라 우리 사회의 문제예요. 폭력이 나쁘다는 건 온 세상이 다 아는 문제예요. 그러니 꼭 주변 사람들에게 말하세요. 당신을 비난하지 않고 지지해 줄 사람을 찾으세요.

도움받을 수 있는 곳

- 한국여성의전화 (02-2263-6464)
- 한국성폭력상담소 (02-338-5801)
- 한국여성민우회 (02-335-1858)
- 여성긴급전화 (1366)

상상력 더하기

'안전하다'는 건 현재 내가 위험으로부터 거리를 두고 있다는 의미이죠. 데이트 폭력 상황이 아니더라도 갈등 상황에서 위험에 노출될 수 있어요. 위험 전에 나타나는 신호를 알아 두면 도움이 돼요. 폭력적인 행동이나 언어, 공격적인 태도, 격양된 목소리 등을 통해 알 수 있죠. 이런 신호가 보인다면, 상대방과의 물리적인 거리를 유지하면서 안전한 장소로 이동할 수 있는지 확인하세요.

다양한 상황을 미리 예측하고, 어떻게 대처할지 생각해 보세요. 말다툼이나 갈등이 심화될 때 어떻게 자신을 진정시킬지, 언제 상황을 피해야 하는지 등을 고려해 보세요. 이러한 상황들을 연습해 보면 실제 위협을 마주했을 때 덜 당황할 수 있어요! 갈등 상황에서 나타날 수 있는 위험 상황들이 아래에 그려져 있어요. 나라면 이 상황에 어떻게 대응할 것인지 책 뒤편 부록에 있는 그림을 오려서 빈칸을 채워 주세요.

*오려서 사용할 수 있는 그림은 책 뒤편 부록에 있습니다.

흥분한 상황

어떻게 대응할 것인지
책 뒤편 부록에 있는 그림을 오려서
빈칸을 채워 주세요.

내 손목(몸)을 잡고 놓아주지 않는 상황

어떻게 대응할 것인지
책 뒤편 부록에 있는 그림을 오려서
빈칸을 채워 주세요.

욕하면서 소리 지르는 상황

어떻게 대응할 것인지
책 뒤편 부록에 있는 그림을 오려서
빈칸을 채워 주세요.

실내에서 위험한 상황

어떻게 대응할 것인지
책 뒤편 부록에 있는 그림을 오려서
빈칸을 채워 주세요.

데이트 폭력 대처 방법

단호하게 대응하기

"너의 취향을 고려할 순 있지만 내 옷은 내가 골라 입을게."

"네가 아니어도 난 이 일을 할 수 있어. 그렇게 말하지 마."

주변과 관계 유지하기

데이트 폭력 상황에서 빠르게 도움을 요청할 수 있도록 주변에 폭력 피해 상황을 알리고 도움을 요청할 암호 등을 정해 놓아요.

피해 최소화하기

폭력 상황에서 가해자를 진정시키기 위해 거짓말을 해도 좋아요. 가해자가 원하는 요구를 들어주는 게 당신의 안전에 도움이 된다면 그렇게 해도 돼요.

증거 수집하기

병원 진료 기록, 대화 내용 기록, 사건 정황 기록, 폭력 기록, 사진 기록, 정신과 상담 일지, 녹음 등

생각 바꾸기

"결혼하면 괜찮아질 거야." → 아니요, 결혼하면 더 심해집니다.

"이 점만 빼면 괜찮아." → 아니요, 폭력은 결점/단점이 아닌 폭력일 뿐이에요.

"다 널 사랑해서 이러는 거야." → 아니요, 사랑은 폭력을 정당화할 수 없어요.

"다 너 잘되라고 그러는 거야." → 아니요, 가해자의 변명일 뿐이에요.

안전 이별

이별은 누구에게나 힘든 일이지만 상대를 잘못된 방법으로 붙잡으려는 사람들이 있어요. 그들은 헤어지자는 상대를 자신의 소유라고 생각하기 때문에 이별을 수용하지 않고, 상대에게 폭언과 폭행을 가하고 심지어는 살해하기도 해요.

미디어를 통해 이런 사람들의 특징을 본 적이 있을 거예요. 예를 들면 연애 중에 상대의 인간관계나 생활 전반을 통제하려는 경우, 지속적으로 만나자고 스토킹하는 경우, 화를 낼 때 폭언을 한다거나 상대의 말을 무시하거나 폭력을 쓰는 경우 등이죠.

문제는 데이트 폭력 자체가 친밀한 관계에서 발생하다 보니 피해자를 탓하는 말들이 나오기도 한다는 거예요. 가해자가 화나지 않도록 달래면서 헤어지라고 말하거나, "헌신적인 애정 공세를 퍼붓던 가해자는 당연히 이별하자는 소리를 들으면 돌변할 수 밖에 없다.", "이미 전부터 그랬을 텐데 왜 진작 헤어지지 않았냐." 같은 말들이죠.

하지만 이 모든 일의 원인은 당연히 가해자이고, 가해자의 잘못이에요. 우린 화가 난다고, 내 말을 들어야 한다고, 사랑한다고 다른 사람을 때려서는 안 돼요. 폭언도, 그 사람의 주변 사람들과 이간질도, 협박도 다 안 되는 일이에요. 아주 어렸을 적부터 배워 온 너무나도 당연한 일들이죠.

그럼에도 우리가 안전하게 이별하는 방법에 대해 알아 둔다면 내가 경험하는 게 아니더라도 내 주변에 이별을 앞두고 안전을 걱정하는 사람들에게 도움이 될 수 있어요. 안전한 이별을 위해 우리가 할 수 있는 방법은 다음과 같아요.

평소 자신의 화를 주체하지 못하거나 폭언이나 폭력을 하는 상대라면 공공장소에서 이별을 말하는 것이 좋아요. 적어도 위험한 상황이 되었을 때 단둘이 있지 않도록 하는 것이 중요해요.

이별을 수용하지 못하고 지속적으로 연락하거나 찾아오는 경우, 역시나 다른 사람들이 있는 공간에서 단호하게 신고하겠다고 말해요. 상대의 매달림에 마음이 약해질 수 있지만 나의 안전을 최우선으로 생각해요.

그럼에도 협박이나 연락 등을 한다면 '한국여성의전화, 한국성폭력상담소, 경찰서'에 도움을 요청하고 매뉴얼대로 행동해요. 이때 필요하다면, 그리고 가능하다면, 당분간 사는 거처를 옮기고, 직장이 있는 경우 출퇴근을 함께하는 동료를 만들고, 연락처를 바꿔도 좋아요.

지속적인 협박이나 연락 등은 캡처나 녹취를 해 증거를 남겨 둬야 해요. 그리고 상대가 만나자고 할 때 꼭 나가지 않아도 되며, 만약 만나야 한다면 지인과 함께 만나도록 해요.

대화가 필요해!

폭력이란 개인이 조심해서 예방되는 문제는 아니에요. 그렇지만 보다 나은 방식의 관계 맺는 법을 안다면 나의 대인 관계가 조금은 더 좋아질 거예요. 갈등이 생겼을 때 '이런 말은 하지 말자!' 나와 상대방을 위해 선을 정해 두면 더 좋아요.

갈등에 기름 붓는 대화법

● **비난**

상대방의 허물이나 약점을 캐내고 잘못을 꼬집어 나쁘게 말하는 대화법

"다 너 때문에 그런 거야."

"넌 왜 항상 그 모양이야?"

"그러게 내가 ~하지 말랬잖아."

● **경멸**

상대방을 본인보다 낮추어 생각하여 얕잡아 보거나 업신여기는 대화법

"실망이다."

"그럴 줄 알았어. 네가 그렇지 뭐."

● **방어와 반격**

상대방이 자신을 비난할까 봐 되받아 공격하는 대화법

"그게 내 탓이야? 네가 한 거잖아."

"너도 지난번에 그랬잖아."

"그래서 너는 완벽해?"

● **회피**

갈등을 직접 마주하고 해결하기보다 벗어나기 위해 피하는 대화법,

"또 시작이네. 그만해."

".....(연락 두절 혹은 침묵)"

"나중에 얘기하자."

"그럴 거면 헤어져."

갈등이란 문제가 발생한 상황이기에 좋은 말만 하는 건 불가능하지요. 그럼 어떻게 하면 조금이라도 갈등 해결에 도움이 될까요? 관계에서 갈등이 생겼을 때 이렇게 해 보세요! 단, 해당 내용은 폭력이 아닌 갈등 상황에서 사용하는 방법입니다. 데이트 폭력이 의심될 때는 전문가의 도움이 필요합니다.

● 흥분 가라앉히기

흥분이 최고조일 때는 다른 사람의 말이 귀에 들어오지 않아요. 잠깐 숨을 깊이 들이마신다거나, 차 한 모금을 마신다거나, 장소를 바꾸는 등 주의를 전환해서 서로가 진정할 수 있게 해 보세요! '흥분을 가라앉힌다'는 의미는 '이성적으로 행동'하라는 의미가 아니에요. 대인 간 갈등은 논리로만 해결할 수 없죠. 우리의 감정도 중요하니까요.

● 경청하기

상대의 감정과 생각을 이해하기 위해 경청하는 자세가 필요해요. 이때 상대가 무엇을 말하고 싶은지에 초점을 맞춰서 적극적으로 들으면 좋아요. 내가 반박하고 싶은 부분이 있더라도 우선은 상대의 말이 끝날 때까지 기다려 주세요.

● 해결 방안 찾기

서로의 생각과 감정을 나누었다면, 우리 관계를 더 나은 방향으로 이끌 수 있도록 서로가 원하는 바를 얘기해 보세요. 앞으로 어떻게 하고 싶은지, 관계가 회복되기 위해 필요한 것은 무엇인지 생각해 보는 시간을 가져요.

연애 톡톡

연애를 하면서 둘 사이에 가장 중요한 건 무엇일까요? 라라는 대화라고 생각해요. 서로의 의견과 감정을 나눌 수 있는 대화는 행복한 연애를 만들어 주죠. 연애를 하다 보면 부딪히게 되는 여러 문제를 미리 대화해 보아요. 서로의 생각을 나누고 내 의견을 제안하면서 서로 의견을 맞춰 가 보세요. 단, 상대방의 선택의 폭을 좁히는 방식은 피해 주세요.

통제 경제 디지털 정서/언어 신체

Q. 이성 친구와 단둘이 만나는 약속 어떻게 생각해?

YES NO

이유

제안

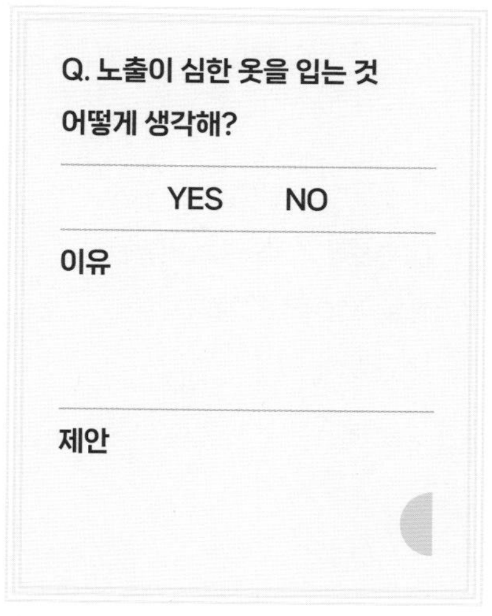

*파트너와 함께 사용할 수 있는 대화 카드는 책 뒤편 부록에 있습니다.

Q. 데이트 비용이 부담될 때 어떻게 이야기할까?

답변

제안

Q. 기념일 선물 가격 적정선을 얼마로 정할까?

원

이유

제안

Q. 핸드폰, SNS 등의 비밀번호 공유 어떻게 생각해?

YES NO

이유

제안

Q. 나의 기분을 풀리게 만드는 마법 주문은?

답변

제안

Q. 내가 우울할 때 상대가 해줬으면 하는 말과 행동은?

답변

제안

Q. 이런 신체 접촉은 싫어! (예: 웃을 때 때리기, 뱃살 만지기)

답변

제안

Q.

제안

Q.

제안

참고 문헌

자기 이해

- 두산백과 두피디아. "자궁." 네이버 지식백과, terms.naver.com/entry.naver?cid=40942&docId=1137256&categoryId=32319.
- 러네이 엥겔른. 거울 앞에서 너무 많은 시간을 보냈다 (김문주 옮김). 웅진지식하우스, 2017.
- Mínguez-Alarcón, Lidia et al. "Type of underwear worn and markers of testicular function among men attending a fertility center." *Human reproduction*, vol. 33, no. 9 (2018): 1749-56, doi.org/10.1093/humrep/dey259.

관계

- 한국여성민우회 성폭력상담소. "성적의사결정능력 테스트." 명랑성생활백서 섹스만큼중요해 (2011): 19-20, www.womenlink.or.kr/publications/17845.
- Katherine, Anne. *Boundaries*. Simon and Schuster, 1993.
- Trans Student Educational Resources. *The Gender Unicorn*. 2015, www.transstudent.org/gender.

성 행동

- 권김현영, 루인, 정희진, 한채윤. 미투의 정치학. 교양인, 2019.
- 김형순 (연출). 에피소드 2, "오빠 한 번 믿어봐 '피임전쟁'." 까칠남녀 [TV프로그램]. EBS, 2017년 4월 3일 방영.
- 박선경, 송원영. "남자 청소년용 사이버 음란물 중독 척도의 개발 및 타당화." Korean Journal of Clinical Psychology, vol. 33, no. 2 (2014): 261- 278.
- 박재서, 신성만, 김아란, 이다인. "한국판 문제적 음란물 소비 척도(PPCS-K)의 타당화 연구." 사회융합연구, 6권, 6호 (2022): 97-111.
- 성적권리와 재생산정의를 위한 센터 셰어. "[무엇이든 물어보셰어] 8월호: 콘돔으로만 피임을 하면 위험할까요?" 2020년 8월 31일, www.srhr.kr/issuepapers/?q=YToyOntzOjEyOiJrZXl3b3JkX3R5cGUiO3M6MzoiYWxsIjtzOjc6ImtleXdvcmQiO3M6OToi7ZS87J6E66WgIjt9&bmode=view&idx=6142942&t=board.
- 소은영. "헌법상 성적 자기결정권의 의미에 관한 재검토." 이화젠더법학, vol. 11, no. 3 (2019): 41-65.
- 이세아. "우리나라 여성 97% "자위 해봤다", 65% "섹스보다 자위"." 여성신문. 2020년 7월 1일, www.womennews.co.kr/news/articleView.html?idxno=200392.
- 주식회사 텐가코리아. 2020 텐가 자위행위 실태조사. 2020, www.selfpleasurereport.com/202001.html.
- Böthe, Beáta et al. "The Development of the Problematic Pornography Consumption Scale (PPCS)." *The Journal of sex research*, vol. 55, no. 3 (2017): 395-406.
- Fritz et al. "A Descriptive Analysis of the Types, Targets, and Relative Frequency of Aggression in Mainstream Pornography." *Archives of Sexual Behaviour*, vol. 49, no. 4 (2020).
- Rung, N. *Stora Porrboken*. Stockholm : Rebel Books, 2021.
- Vera-Grey et al. "Sexual violence as a sexual script in mainstream online pornography." *The British Journal of Criminology* (2021): 61.

성 건강

- 약손. "자궁경부암 예방접종이 궁금해?" 해피문데이. 2019년 8월 8일, www.happymoonday.com/blog/46/.
- 질환백과. "조루증." 서울아산병원, www.amc.seoul.kr/asan/healthinfo/disease/diseaseDetail.do?contentId=32202.
- N 의학정보. "조루." 서울대학교병원, www.snuh.org/health/nMedInfo/nList.do.
- N 의학정보. "지루증." 서울대학교병원, www.snuh.org/health/nMedInfo/nList.do.
- American College of Obstetricians and Gynecologists, www.acog.org/womens-health.
- Bertone-Johnson, Elizabeth R et al. "Calcium and vitamin D intake and risk of incident premenstrual syndrome." *Archives of internal medicine*, vol. 165, no. 11 (2005): 1246-52, doi:10.1001/archinte.165.11.1246.
- Centers for disease control and prevention. *Condoms and STDs: fact sheet for public health personnel.* 5 Mar 2013, www.cdc.gov/condomeffectiveness/docs/Condoms_and_STDS.pdf.
- Fathizadeh, Nahid et al. "Evaluating the effect of magnesium and magnesium plus vitamin B6 supplement on the severity of premenstrual syndrome." *Iranian journal of nursing and midwifery research*, vol. 15, Suppl 1 (2010): 401-5.
- International Index of Erectile Fuction(IIEF-5).
- Marrazzo, Jeanne M. "Barriers to infectious disease care among lesbians." *Emerging infectious diseases*, vol. 10, no. 11 (2004): 1974-8, doi:10.3201/eid1011.040467.
- Mohebbi Dehnavi, Zahra et al. "The effect of 8 weeks aerobic exercise on severity of physical symptoms of premenstrual syndrome: a clinical trial study." *BMC women's health*, vol. 18, no. 80 (2018): 1-7, doi:10.1186/s12905-018-0565-5.
- MSD Manual Consumer Version, www.msdmanuals.com.

젠더 기반 폭력

- 한국성폭력상담소, www.sisters.or.kr.
- 한국여성의전화, www.hotline.or.kr.
- DSO, www.dsoonline.org.

122p

<가로 정답> ① 성전파질환 / ② 수평적관계 / ③ 동의 / ④ 이중피임 / ⑤ 페미돔 / ⑥ 안전
<세로 정답> ⓐ 성관계 / ⓑ 적극적동의 / ⓒ 응급피임약 / ⓓ 콘돔 / ⓔ 불안

159p

<정답> X, O, X, X, O

사촌기 쿠폰 (65쪽)

사촌기 쿠폰
사촌기 쿠폰
사촌기 쿠폰
사촌기 쿠폰
사촌기 쿠폰
사촌기 쿠폰
사촌기 쿠폰
사촌기 쿠폰
사촌기 쿠폰
사촌기 쿠폰
사촌기 쿠폰
사촌기 쿠폰

데오도란트
제모기
스킨 로션
월경대
비누
면도기
여드름 패치
오만원
50000
50000
용돈
면도 크림
따뜻한 물
속옷
균형 잡힌 식단
속옷

친구
연인
상담
충분한 잠
음악
일기장
나만의 시간
화장품
내 방
개성 있는 옷

자리를 피한다

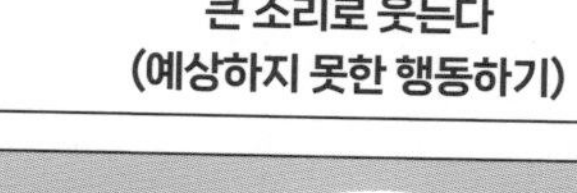

큰 소리로 웃는다
(예상하지 못한 행동하기)

큰 소리로 말한다
(다른 사람이 들을 수 있도록)

나의 안전을 위해
상대가 진정하도록 달랜다

뒷걸음친다

사람이 많은 곳으로 이동한다

단호하게 말한다

핸드폰을 쥐고 있는다

밖으로 나갈 핑계를 만든다

몰래 도움을 요청한다

손목을 비틀어 빠져나온다

안전거리를 유지한다

Q. 이성 친구와 단둘이 만나는 약속 어떻게 생각해?

YES NO

이유

제안

Q. 이성 친구와 단둘이 만나는 약속 어떻게 생각해?

YES NO

이유

제안

Q. 노출이 심한 옷을 입는 것 어떻게 생각해?

YES NO

이유

제안

Q. 노출이 심한 옷을 입는 것 어떻게 생각해?

YES NO

이유

제안

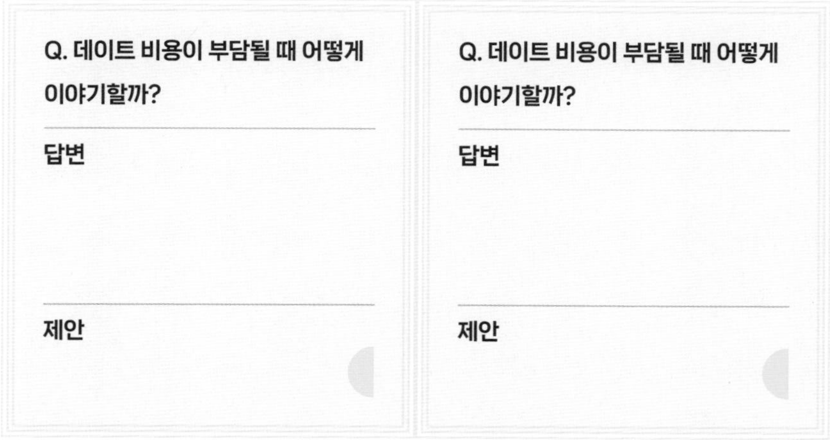

Q. 데이트 비용이 부담될 때 어떻게 이야기할까?

답변

제안

Q. 데이트 비용이 부담될 때 어떻게 이야기할까?

답변

제안

Q. 기념일 선물 가격 적정선 얼마로 정할까?

원

이유

제안

Q. 기념일 선물 가격 적정선 얼마로 정할까?

원

이유

제안

Q. 핸드폰, SNS 등의 비밀번호 공유 어떻게 생각해?

YES NO

이유

제안

Q. 핸드폰, SNS 등의 비밀번호 공유 어떻게 생각해?

YES NO

이유

제안

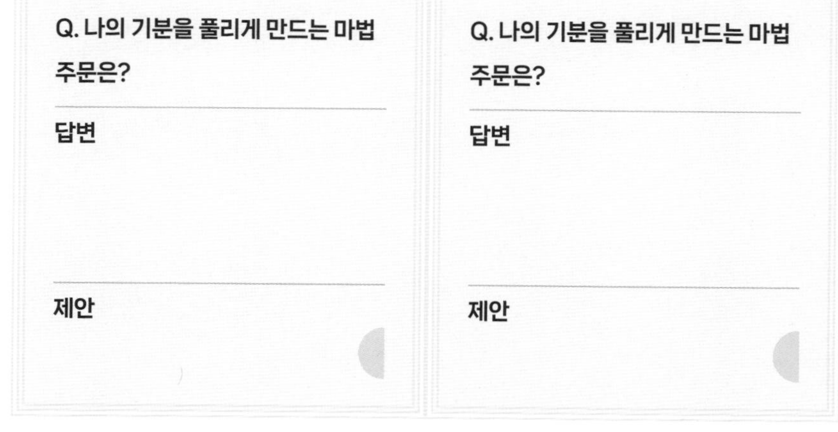

Q. 나의 기분을 풀리게 만드는 마법 주문은?

답변

제안

Q. 나의 기분을 풀리게 만드는 마법 주문은?

답변

제안

Q. 내가 우울할 때 상대가 해 줬으면 하는 말과 행동은?

답변

제안

Q. 내가 우울할 때 상대가 해 줬으면 하는 말과 행동은?

답변

제안

Q. 이런 신체 접촉은 싫어! (예: 웃을 때 때리기, 뱃살 만지기 등)

답변

제안

Q. 이런 신체 접촉은 싫어! (예: 웃을 때 때리기, 뱃살 만지기 등)

답변

제안

Q.

제안

Q.

제안

헬로 섹슈얼리티 워크북

한 권으로 끝내는 십 대를 위한 성교육

초판 1쇄 2023년 9월 18일

지은이 노하연, 이수지
디자인 손세희

펴낸곳 성문화연구소 라라
출판등록 2023년 6월 14일 제2023-000030호
주소 서울특별시 동작구 여의대방로54길 18, 406호
홈페이지 www.lalaschool.kr
대표전화 070-4842-2514
전자우편 lalaschool@naver.com

ISBN 979-11-983687-0-6 43370